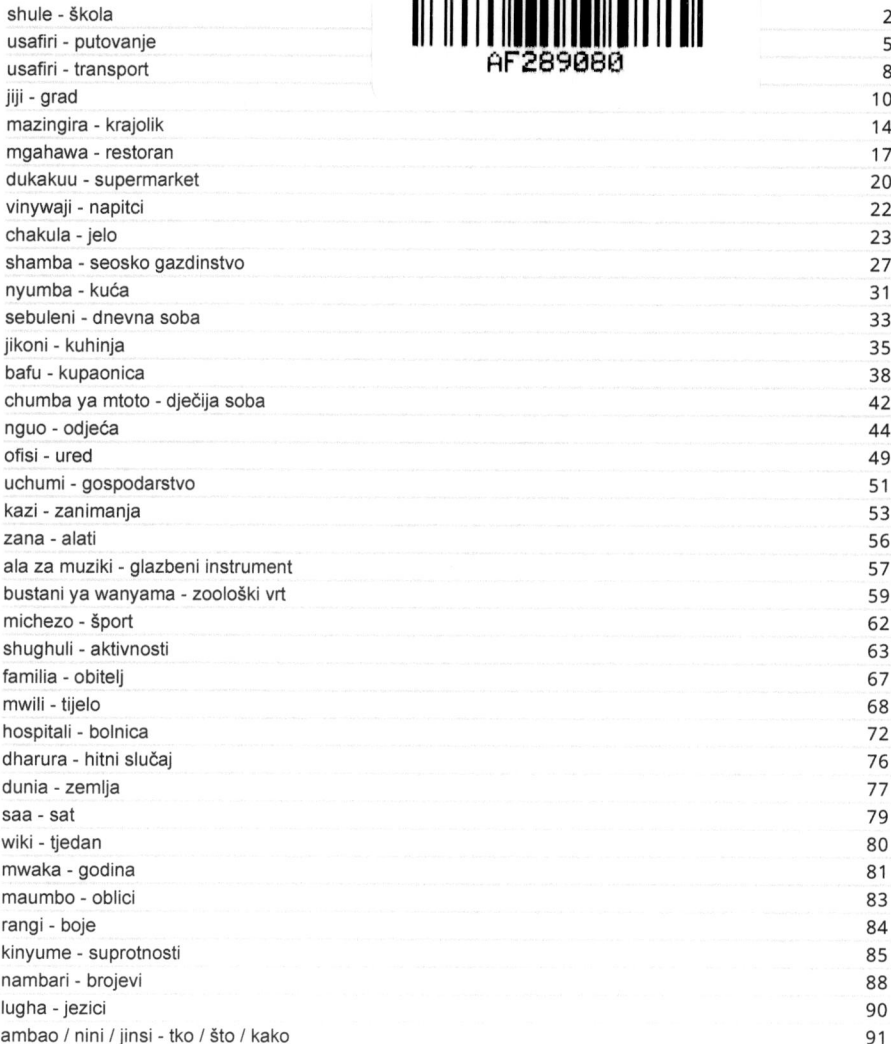

AF289080

Impressum
Verlag: BABADADA GmbH, Nedderfeld 112 , 22529 Hamburg
Geschäftsführer / Verlagsleitung: Harald Hof
Druck: Books on Demand GmbH, In de Tarpen 42, 22848 Norderstedt

Imprint
Publisher: BABADADA GmbH, Nedderfeld 112 , 22529 Hamburg, Germany
Managing Director / Publishing direction: Harald Hof
Print: Books on Demand GmbH, In de Tarpen 42, 22848 Norderstedt

shule
škola

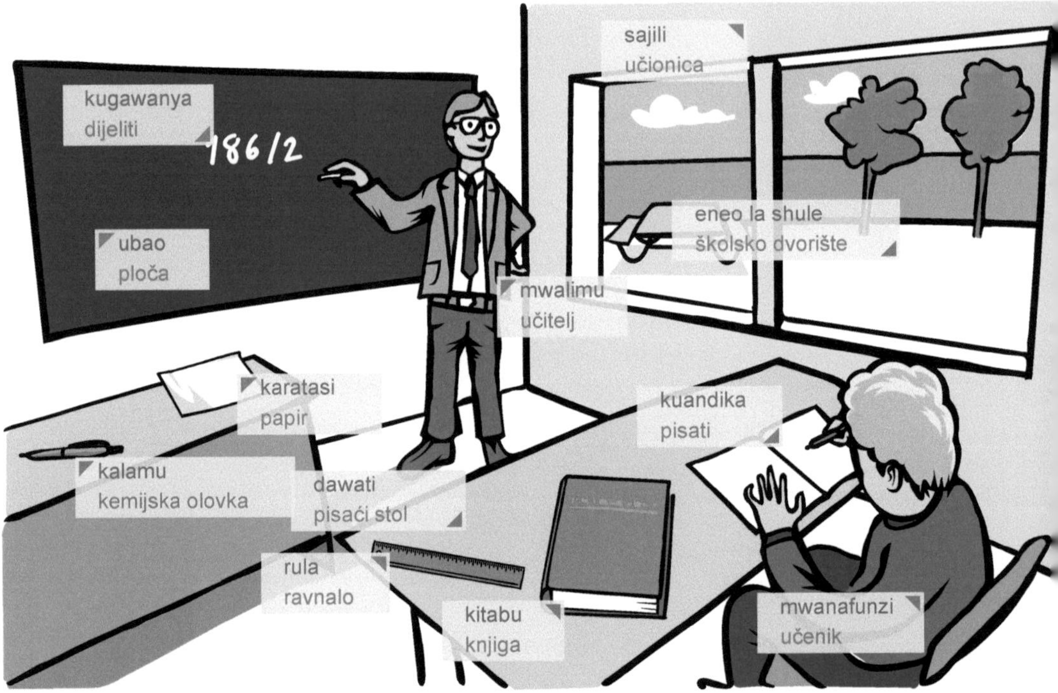
sajili
učionica
kugawanya
dijeliti
186/2
ubao
ploča
eneo la shule
školsko dvorište
mwalimu
učitelj
karatasi
papir
kuandika
pisati
kalamu
kemijska olovka
dawati
pisaći stol
rula
ravnalo
kitabu
knjiga
mwanafunzi
učenik

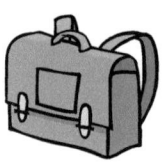

mkoba
torba

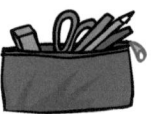

kikasha cha penseli
pernica

penseli
grafitna olovka

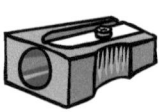

kichonga penseli
šiljilo za olovke

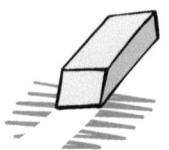

mpira
gumica za brisanje

pedi ya kuchora
blok za crtanje

uchoraji

crtež

brashi ya rangi

kist

sanduku la rangi

kutija s bojama

mkasi

makaze

gundi

ljepilo

daftari

bilježnica

kazi ya nyumbani

domaći zadatak

nambari

broj

jumlisha

sabirati

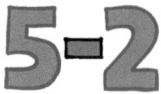

ondoa

oduzimati

zidisha

množiti

kokotoa

računati

barua

slovo

alfabeti

abeceda

neno

riječ

maandishi

tekst

kusoma

čitati

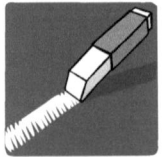

chaki

kreda

somo

sat

sajili

dnevnik

uchunguzi

ispit

cheti

svjedodžba

sare za shule

školska uniforma

elimu

obrazovanje

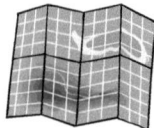

elezo

leksikon

chuo kikuu

sveučilište

darubini

mikroskop

ramani

karta

kikapu cha kuweka karatasi chafu

košara za papir

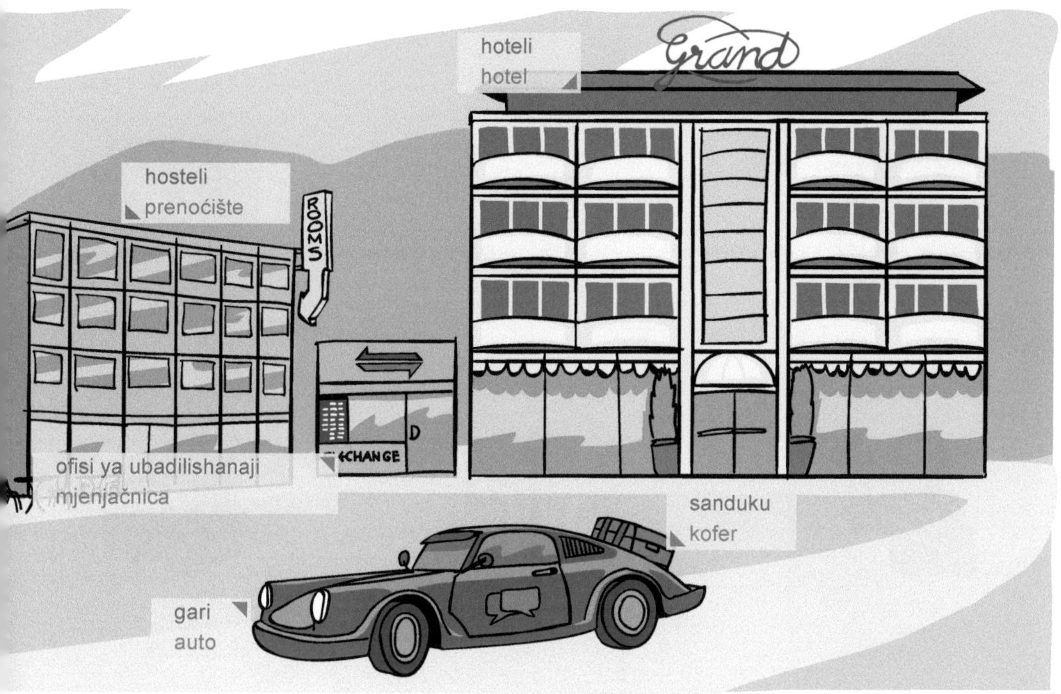

hoteli
hotel
Grand
hosteli
prenoćište
ROOMS
EXCHANGE
ofisi ya ubadilishanaji
mjenjačnica
sanduku
kofer
gari
auto

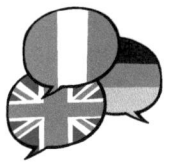

lugha

jezik

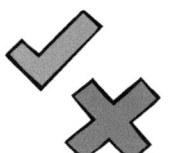

ndiyo / la

da / ne

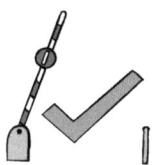

sawa

okay

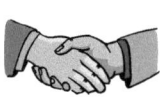

hujambo

zdravo

mtafsiri

prevoditelj

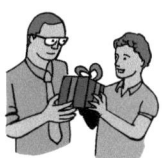

Asante

hvala

kiasi gani ni ...?

Koliko košta...?

Sielewi

ne razumijem

tatizo

problem

Jioni njema!

dobro veče!

Habari za asubuhi!

Dobro jutro!

Usiku mwema!

Laku noć!

kwa heri

doviđenja

mwelekeo

smjer

mizigo

prtljaga

mfuko

torba

shanta

ruksak

mgeni

gost

chumba

soba

begi la kulalia

vreća za spavanje

hema

šator

taarifa ya utalii

turističke informacije

ufuo

plaža

kadi

kreditna kartica

kifunguakinywa

doručak

chakula cha mchana

ručak

chakula cha jioni

večera

tiketi

karta za vožnju

kuinua

dizalo

muhuri

poštanska markica

mpaka

granica

mila

carina

ubalozi

ambasada

visa

viza

pasipoti

putovnica

usafiri

transport

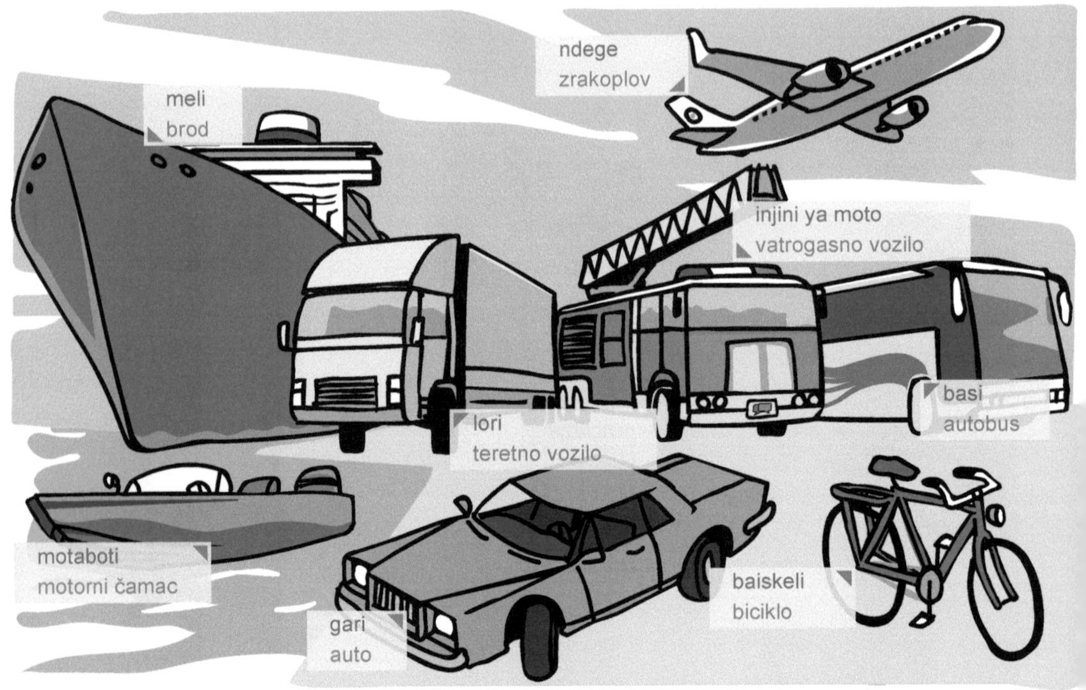

ndege
zrakoplov
meli
brod
injini ya moto
vatrogasno vozilo
basi
autobus
lori
teretno vozilo
motaboti
motorni čamac
baiskeli
biciklo
gari
auto

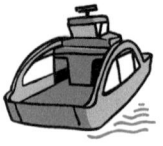

feri

trajekt

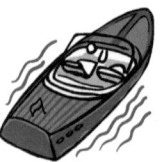

mashua

čamac

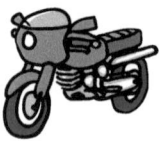

pikipiki

motocikl

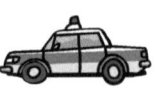

gari la polisi

policijski auto

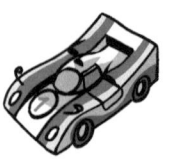

gari la mashindano

trkaći auto

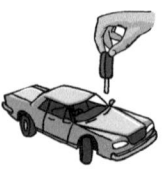

gari la kukodisha

iznajmljeno auto

kushiriki gari

dijeljenje automobila

lori la kuvuta

vučno vozilo

ukusanyaji taka

vozilo za odvoz smeća

motor

motor

mafuta

benzin

kituo cha mafuta

benzinska postaja

ishara trafiki

prometni znak

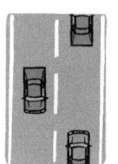

trafiki

promet

msongamano

zastoj

maegesho

parkiralište

kituo cha treni

kolodvor

reli

šine

garimoshi

vlak

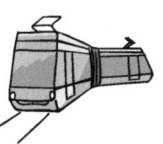

tremu

tramvaj

gari la mizigo

vagon

helikopta

helikopter

uwanja wa ndege

zrakoplovna luka

mnara

toranj

abiria

putnik

chombo

kontejner

katoni

karton

mkokoteni

kolica

kikapu

košara

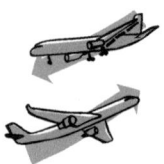

ondoka

uzletjeti / sletjeti

jiji

grad

kijiji

selo

katikati ya jiji

centar grada

nyumba

kuća

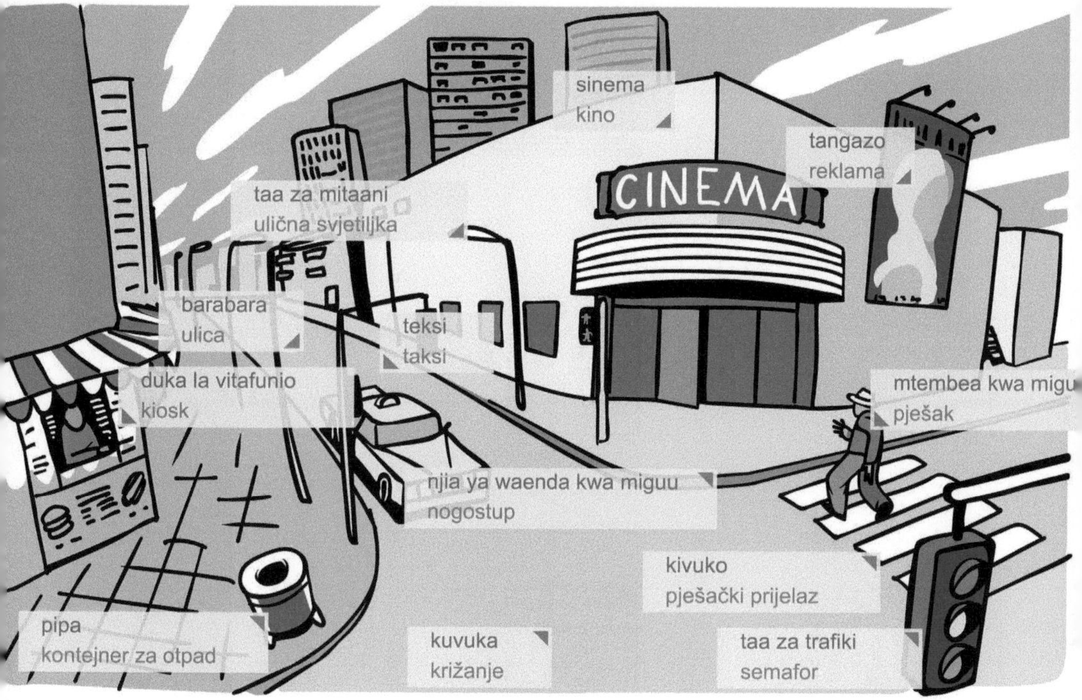

sinema
kino
CINEMA
tangazo
reklama
taa za mitaani
ulična svjetiljka
barabara
ulica
teksi
taksi
duka la vitafunio
kiosk
mtembea kwa migu
pješak
njia ya waenda kwa miguu
nogostup
kivuko
pješački prijelaz
pipa
kontejner za otpad
kuvuka
križanje
taa za trafiki
semafor

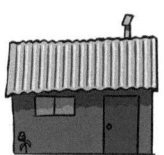

kibanda

koliba

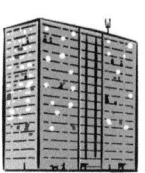

gorofa

stan

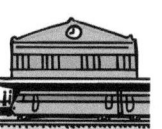

kituo cha treni

kolodvor

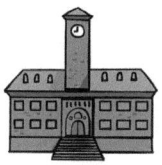

ukumbi wa mji

vijećnica

MUSEUM

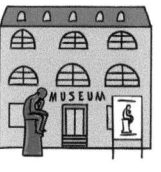

Makavazi

muzej

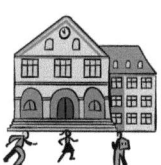

shule

škola

chuo kikuu

sveučilište

benki

banka

hospitali

bolnica

hoteli

hotel

duka la dawa

ljekarna

ofisi

ured

duka la kitabu

knjižara

duka

prodavaonica

duka la maua

cvjećara

dukakuu

supermarket

soko

trg

idara ya kuhifadhi

robna kuća

mwuza samaki

ribarnica

kituo cha ununuzi

trgovački centar

bandari

luka

Hifadhi

park

benki

klupa

daraja

most

vidato

stepenice

chini ya ardhi

podzemna željeznica

handaki

tunel

kituo cha mabasi

autobusna stanica

bar

bar

mgahawa

restoran

sanduku la posta

poštansko sanduče

ishara ya barabara

ulični znak

mita ya maegesho

parkirni sat

bustani ya wanyama

zoološki vrt

kidimbwi cha kuogelea

bazen

msikiti

džamija

shamba

seosko gazdinstvo

uchafuzi

zagađenje okoliša

makaburini

groblje

kanisa

crkva

uwanja wa michezo

igralište

hekalu

hram

mazingira
krajolik

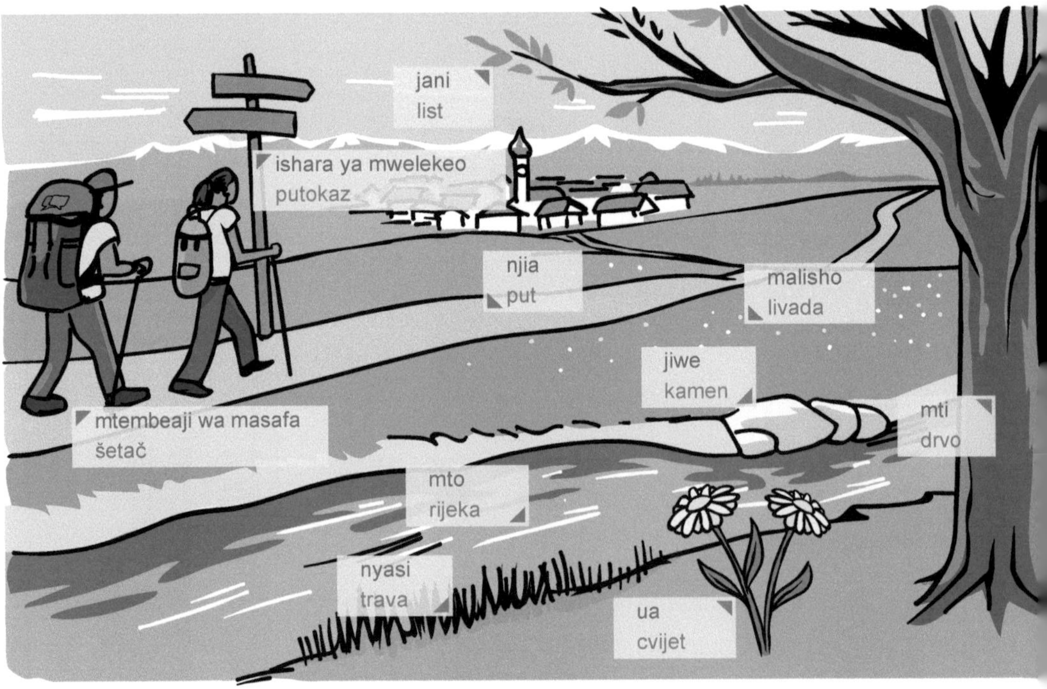

jani
list

ishara ya mwelekeo
putokaz

njia
put

malisho
livada

jiwe
kamen

mtembeaji wa masafa
šetač

mti
drvo

mto
rijeka

nyasi
trava

ua
cvijet

bonde

dolina

kilima

planina

ziwa

jezero

msitu

šuma

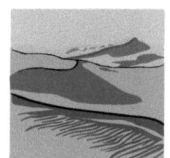

jangwa

pustinja

volkano

vulkan

ngome

dvorac

upinde wa mvua

duga

uyoga

gljiva

mtende

palma

mbu

moskito

kuruka

muha

chungu

mrav

nyuki

pčela

buibui

pauk

mende

buba

chura

žaba

kuchakuro

vjeverica

nungunungu

jež

sungura

zec

bundi

sova

ndege

ptica

swan

labud

nguruwe mwitu

divlja svinja

kulungu

jelen

aina ya kongoni

los

bwawa

nasip

tabo ya upepo

vjetrenjača

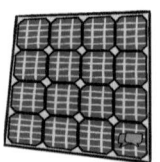

nishaji ya jua

solarna ploča

hali ya hewa

klima

mgahawa
restoran

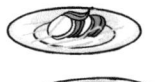

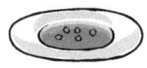

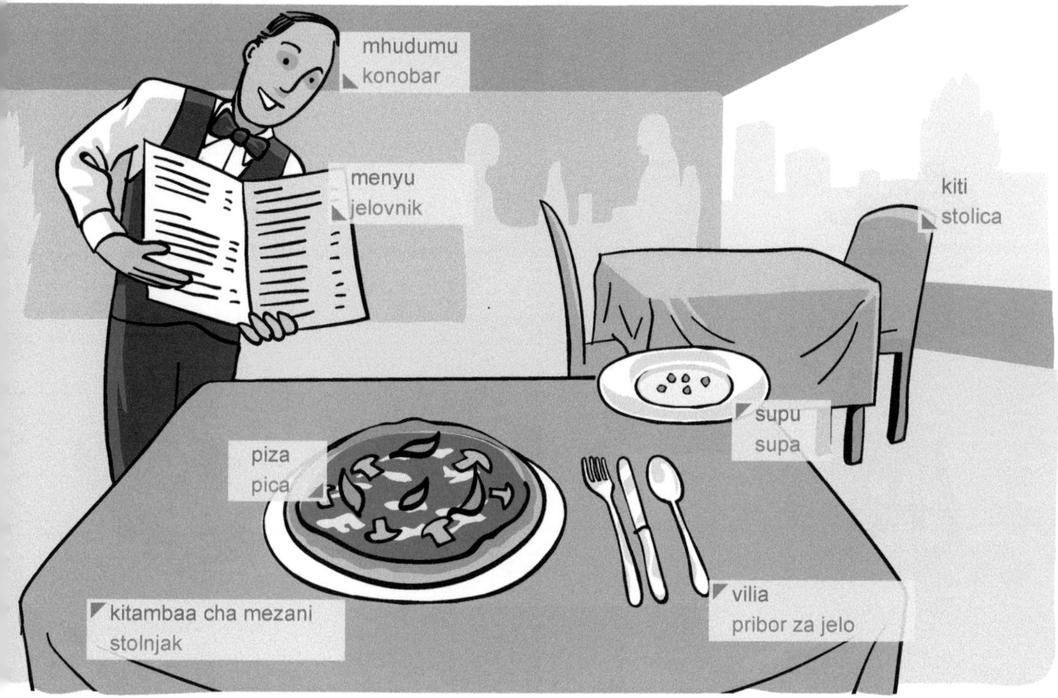
mhudumu
konobar
menyu
jelovnik
kiti
stolica
supu
supa
piza
pica
kitambaa cha mezani
stolnjak
vilia
pribor za jelo

kiamsha hamu

predjelo

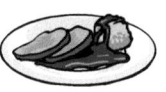

kozi kuu

glavno jelo

kitindamlo

desert

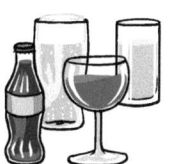

vinywaji

napitci

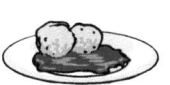

chakula

jelo

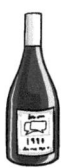

chupa

boca

chakula cha haraka

fastfood

Streetfood

imbis hrana

buli

čajnik

kisanduku cha sukari

doza za šećer

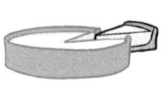

sehemu

porcija

mashine ya espresso

aparat za espresso

kiti kirefu

visoka stolica

muswada

račun

trei

pladanj

kisu

nož

uma

vilica

kijiko

žlica

kijiko cha chai

čajna žlica

nepi

ubrus

glasi

čaša

sahani

tanjur

sahani ya supu

tanjur za supu

sufuria

tanjurić

mchuzi

sos

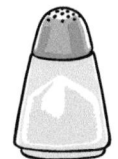

kichanyaji chumvi

soljenka

kinu cha pilipili

mlin za biber

siki

ocat

mafuta

ulje

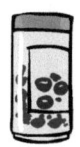

viungo

začini

kechapu

kečap

haradali

senf

kachumbari nzito

majoneza

dukakuu

supermarket

ofa maalum
ponuda
FOR
mteja
kupac
maziwa
mliječni proizvodi
matunda
voće
toroli
kolica za kupnju

BUTCHERS

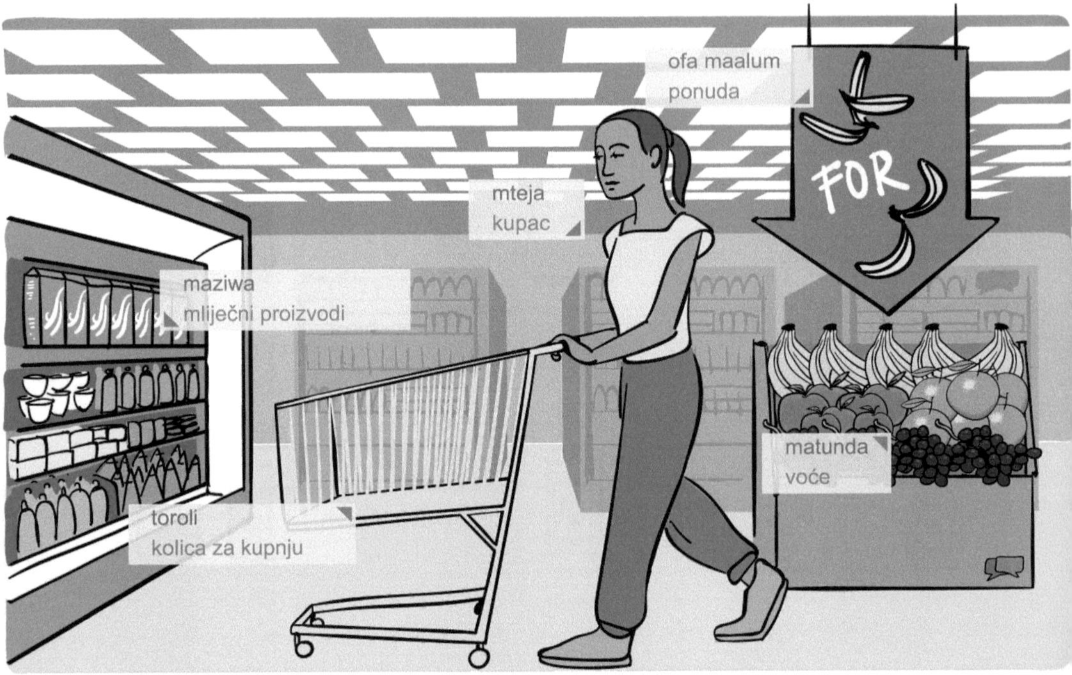

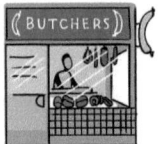

mchinjaji

mesnica

BAKERY

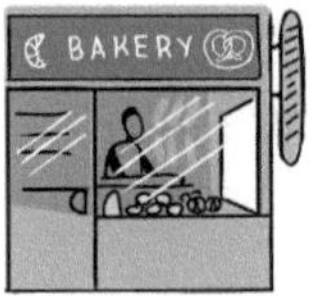

mwokaji

pekarnica

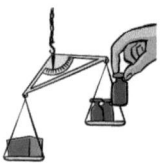

uzito

vagati

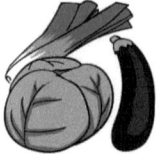

mboga

povrće

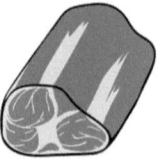

nyama

meso

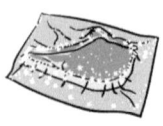

chakula waliohifadhiwa

duboko smrznuta hrana

vipande vya nyama baridi

narezak

chakula cha kopo

konzerve

sabuni ya unga

sredstvo za pranje

pipi

slatkiši

bidhaa za kaya

artikli za domaćinstvo

bidhaa za kusafisha

sredstva za čišćenje

mtu mauzo

prodavačica

mpaka

blagajna

keshia

blagajnik

orodha ya manunuzi

lista za kupnju

masaa ya ufunguzi

vrijeme rada

mkoba

novčanik

kadi

kreditna kartica

mfuko

torba

mfuko wa plastiki

plastična vrećica

maji
voda

sharubati
sok

maziwa
mlijeko

coke
cola

mvinyo
vino

bia
pivo

pombe
alkohol

kakao
kakao

chai
čaj

kahawa
kava

spreso
espresso

kapuchino
cappuccino

ndizi

banana

tufaha

jabuka

machungwa

naranča

tikiti

lubenica

lemon

limun

karoti

mrkva

kitunguu saumu

češnjak

mianzi

bambus

kitunguu

luk

uyoga

gljiva

karanga

orašasti plodovi

nudo

rezanci

spageti

špagete

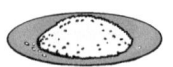

mpunga

riža

saladi

salata

vibanzi

pomfrit

viazi vya kukaanga

pečeni krumpir

piza

pica

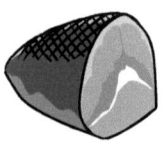

hambaga

hamburger

sandwichi

sendvič

kipande

šnicla

paja la mnyama

pršut

salami

salama

soseji

kobasica

kuku

kokoš

choma

pečenje

samaki

riba

oats ya uji

zobene pahuljice

muesli

musli

cornflakes

kukuruzne pahuljice

unga

brašno

kroisanti

roščić

andazi

pecivo

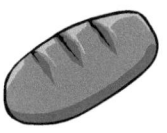

mkate

kruh

mkate wa kubanika

toast

biskuti

keksi

siagi

maslac

maziwa mgando

svježi sir

keki

kolač

yai

jaje

yai kukaanga

jaje na oko

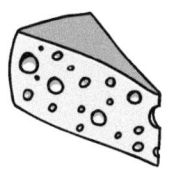

jibini

sir

aiskrimu

sladoled

sukari

šećer

asali

med

jemu

marmelada

kuenea kwa chokoleti

nugat krema

mchuzi wa viungo

curry

shamba
seosko gazdinstvo

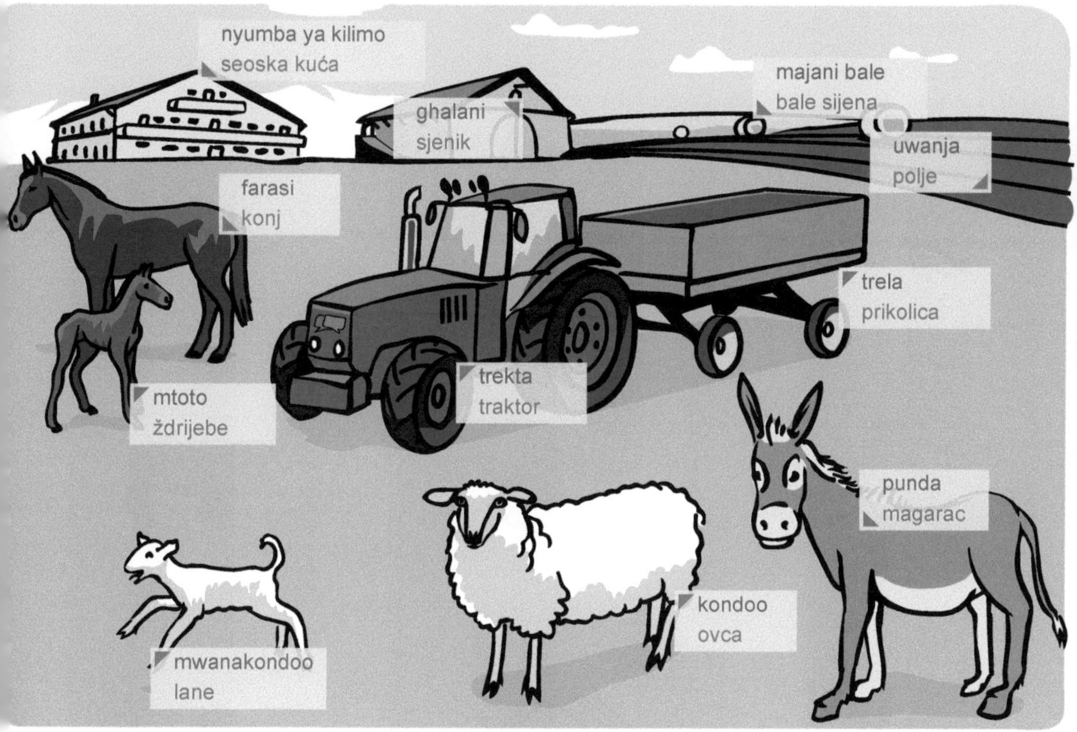
nyumba ya kilimo
seoska kuća
majani bale
bale sijena
ghalani
sjenik
uwanja
polje
farasi
konj
trela
prikolica
trekta
traktor
mtoto
ždrijebe
punda
magarac
kondoo
ovca
mwanakondoo
lane

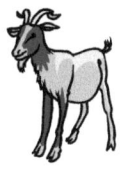

mbuzi

koza

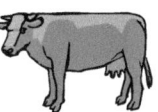

ng'ombe

krava

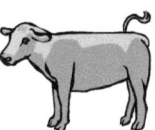

ndama

tele

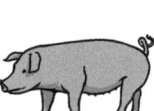

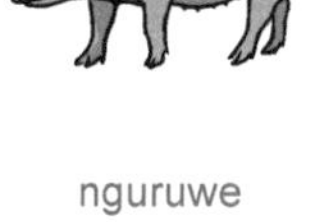

nguruwe

svinja

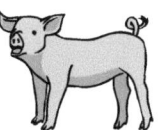

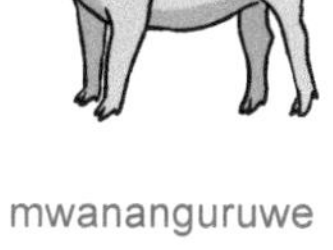

mwananguruwe

prase

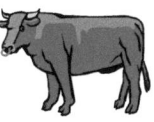

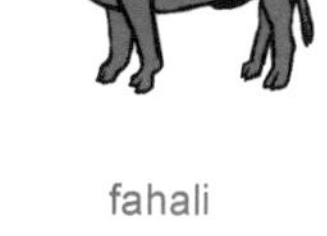

fahali

bik

batabukini

guska

bata

patka

kifaranga

pilići

kuku

kokoš

jogoo

pijetao

panya

pacov

paka

mačka

panya

miš

ng'ombe

vol

mbwa

pas

nyumba ya mbwa

kućica za psa

bomba la bustani

vrtno crijevo

debe la kumwagilia maji

kanta za polijevanje

fyekeo

kosa

kulima

plug

mundu

srp

jembe

motika

uma wa nyasi

vilica za gnojivo

shoka

sjekira

toroli

tačke

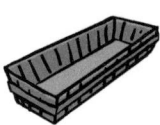

kupitia nyimbo

korito

chombo cha maziwa

posuda za mlijeko

gunia

vreća

ua

ograda

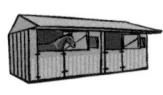

imara

štala

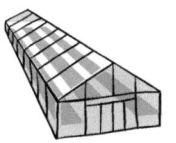

chafu

staklenik

udongo

zemlja

mbegu

sjeme

mbolea

gnojivo

kivunaji

kombajn

mavuno

žanjati

mavuno

žetva

viazi vikuu

yams začin

ngano

pšenica

soya

soja

viazi

krumpir

mahindi

kukuruz

rapa

uljana repica

mti wa matunda

voćka

muhogo

gomolj manioke

nafaka

žitarice

nyumba
kuća

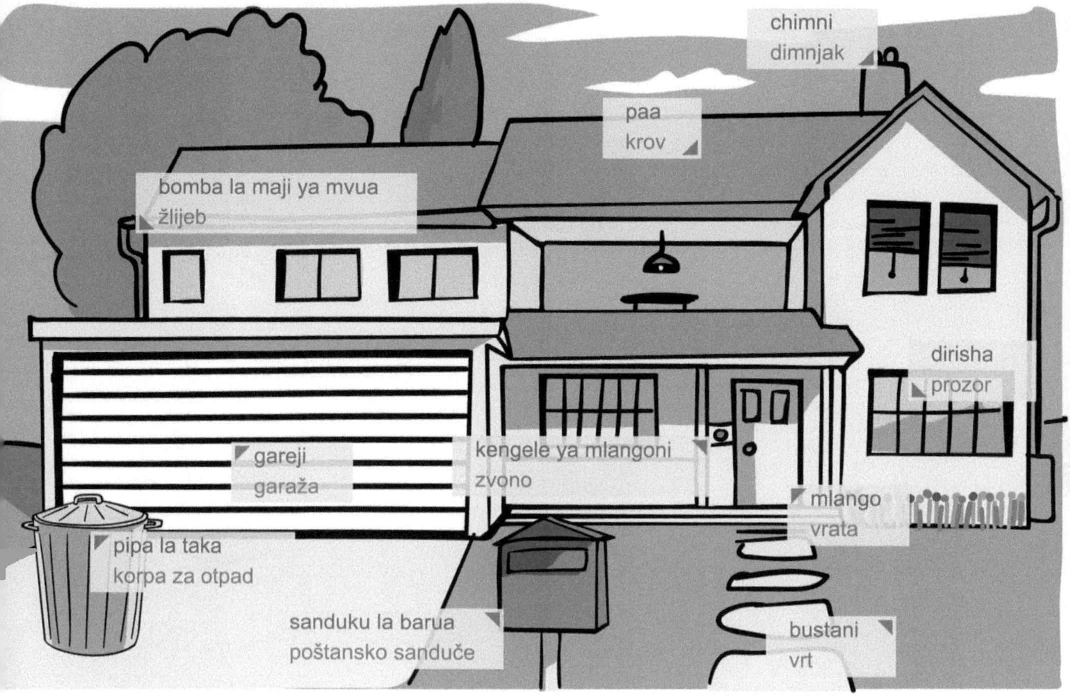

chimni
dimnjak
paa
krov
bomba la maji ya mvua
žlijeb
dirisha
prozor
gareji
garaža
kengele ya mlangoni
zvono
mlango
vrata
pipa la taka
korpa za otpad
sanduku la barua
poštansko sanduče
bustani
vrt

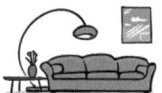

sebuleni

dnevna soba

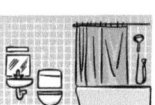

bafu

kupaonica

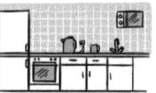

jikoni

kuhinja

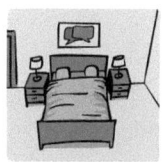

chumba cha kulala

spavaća soba

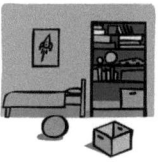

chumba ya mtoto

dječija soba

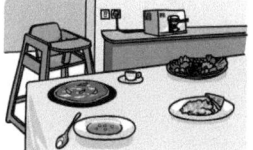

chumba cha kulia

trpezarija

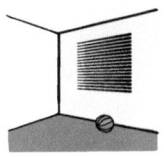

sakafu

pod

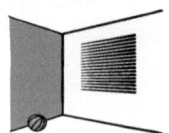

ukuta

zid

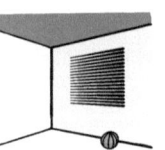

dari

strop

pishi

podrum

sauna

sauna

roshani

balkon

mtaro

terasa

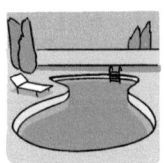

kidimbwi

bazen

mashine ya kukata nyasi

kosilica za travu

karatasi

posteljina za krevet

kitambaa cha kupamba
kitanda

deka za krevet

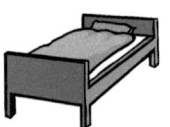

kitanda

krevet

ufagio

metla

ndoo

kanta

kubadili

sklopka

sebuleni
dnevna soba

mandhari
tapeta
picha
slika
taa
svjetiljka
rafu
regal
kabati
ormar
televisheni/runinga
televizija
mekoni
kamin
ua
cvijet
mto
jastuk
sofa
kauč
chombo cha maua
vaza
kitenzambali
daljinski upravljač

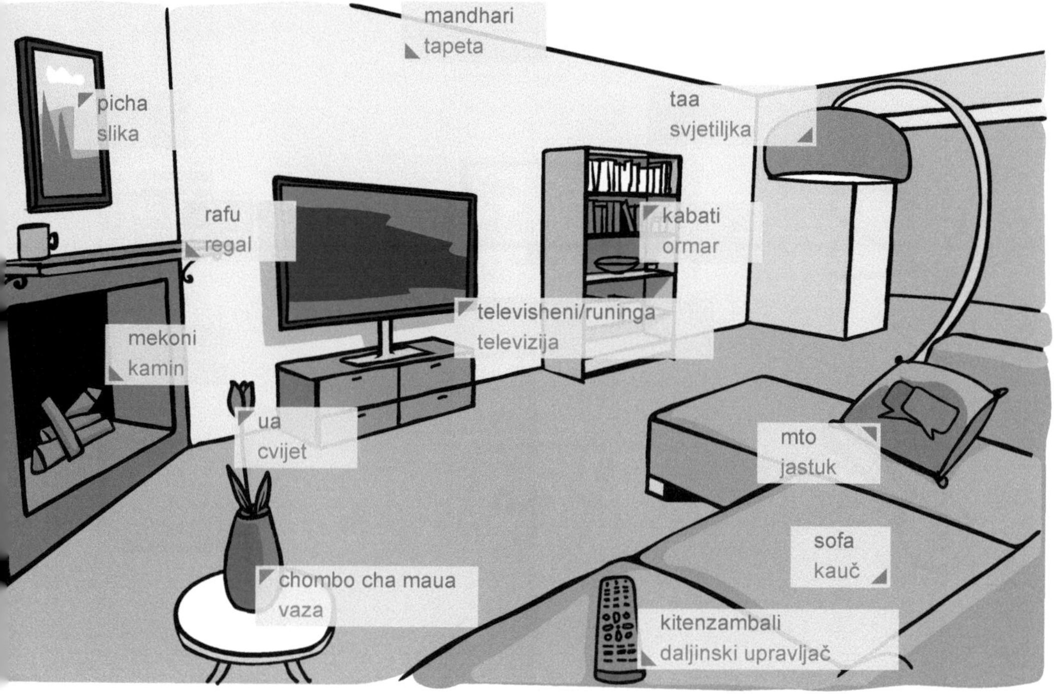

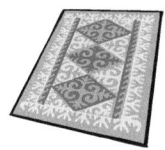

zulia
tepih

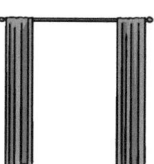

pazia
zavjesa

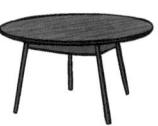

meza
stol

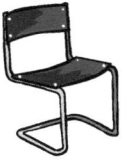

kiti
stolica

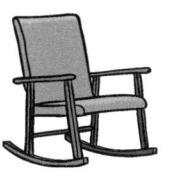

kiti cha bembea
stolica za njihanje

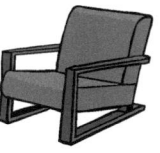

armchair
fotelja

kitabu

knjiga

blanketi

deka

mapambo

dekoracija

kuni

drvo za ogrjev

filamu

film

kifaa cha hi-fi

stereo uređaj

ufunguo

ključ

gazeti

novine

uchoraji

slika na platnu

bango

poster

redio

radio

daftari

blok za pisanje

kifyonza

usisavač

dungusi kakati

kaktus

mshumaa

svijeća

jikoni
kuhinja

jokofu
hladnjak
kikanza
mikrovalna pećnica
wadogo jikoni
kuhinjska vaga
kibaniko
toaster
sabuni
sredstvo za čišćenje
stovu
pećnica
friza
pretinac za zamrzavanje
pipa la taka
korpa za otpad
mashine ya kuoshea vyombo
perilica za suđe

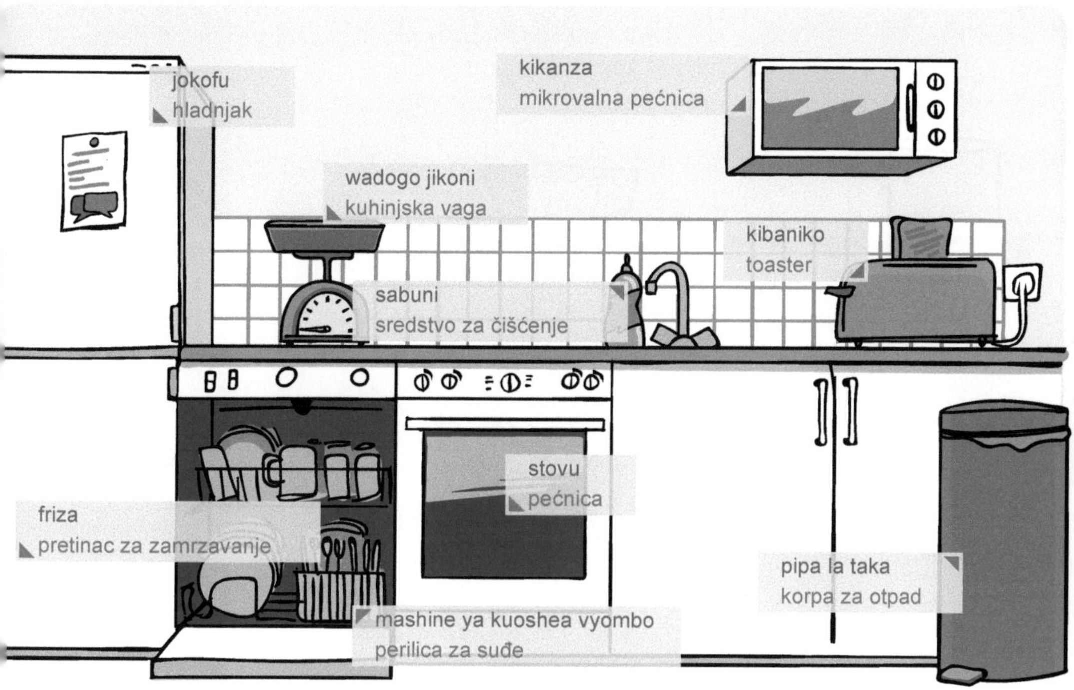

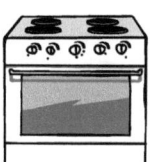

jiko la kupika

štednjak

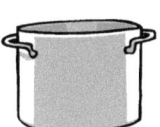

chungu

lonac

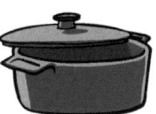

sufuria ya chuma

željezni lonac

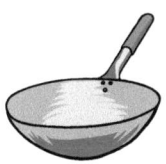

wok / kadai

wok / kadai

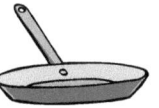

kaango

tava

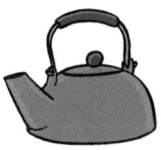

birika

kuhalo za vodu

stima

kuhalo na paru

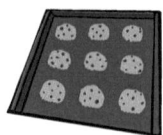

sinia ya kuoka

lim za pečenje

vyombo vya udongo

posuđe

kombe

čaša

bakuli

zdjela

vijiti vya kulia

štapići za jelo

ukawa

kutljača

mwiko mpana

lopatica

burashi

pjenjača

kichujio

sito za kuhanje

chujio

sito

mbuzi

ribež

chokaa

mužar

barbeque

roštilj

moto wazi

ognjište

ubao wa majaribio

daska

kijiti cha kusukuma unga

oklagija

kizibuo

vadičep

kopo

konzerva

inaweza kopo

otvarač konzervi

kishikio cha chungu

krpa za lonac

karo

sudoper

brashi

četka

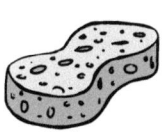

sifongo

spužva

kisagaji matunda

mikser

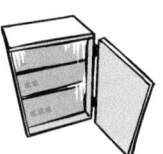

friji ya kina

zamrzivač

chupa ya mtoto

bočica za bebe

bomba

slavina za vodu

bafu

kupaonica

joto
grijanje
mfereji wa kuogea
tuš
taulo
ručnik
pazia la kuogea
zavjesa za tuš
maji ya kuoga yenye povu
pjenušava kupka
hodhi
kada
glasi
čaša
mashine ya kuosha
perilica za rublje
bomba
slavina za vodu
vigae
pločice
poti
dječja kahlica
karo
sudoper

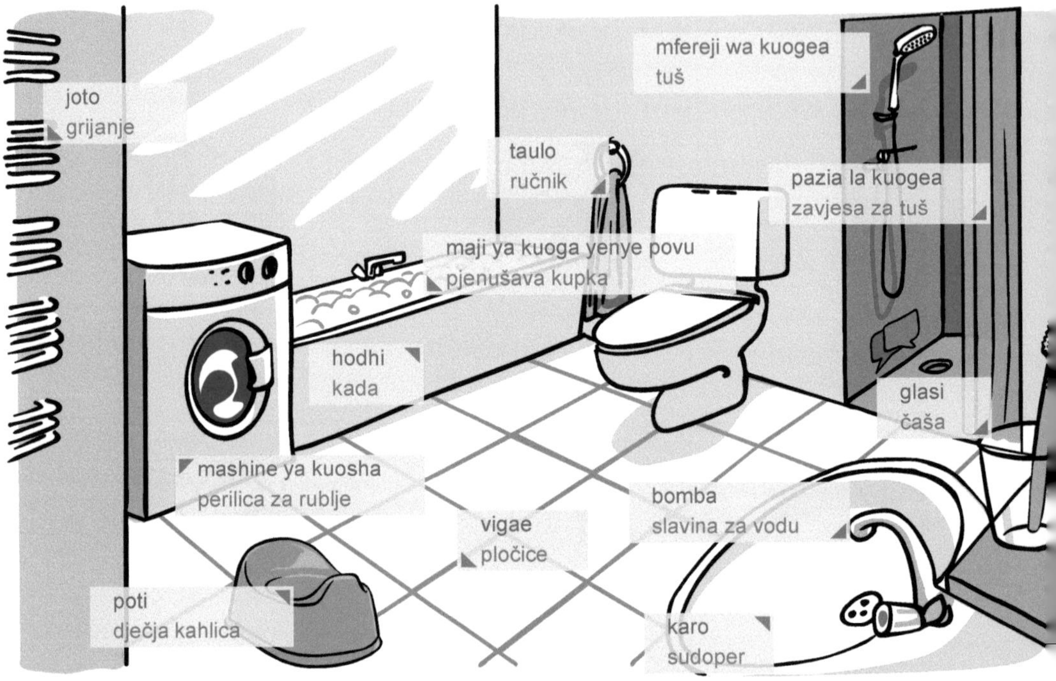

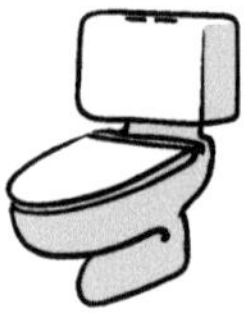

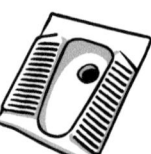

choo

toalet

choo cha squat

čučavac

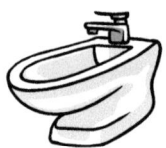

beseni la mviringo

bidet

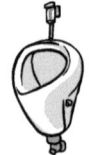

choo cha umma

pisoar

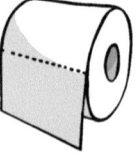

shashi

papir za toalet

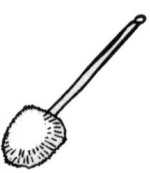

brashi ya choo

četka za toalet

mswaki

četkica za zube

dawa ya meno

pasta za zube

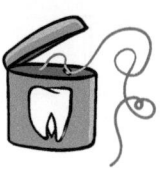

dawa ya meno

konac za zube

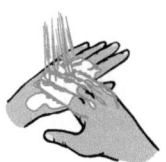

safisha

prati

kuoga mkono

tuš ručica

msukumo wa maji

tuš za pranje intimnih dijelova

bonde

lavor

mpako wa pili

četka za pranje leđa

sabuni

sapun

jeli ya kuogea

gel za tuširanje

shampuu

šampon

flana

krpa za pranje

toa maji

odvod

krimu

krema

kiondoa harufu

dezodorans

kioo

ogledalo

kioo mkono

kozmetičko ogledalo

kinyozi

brijač

povu la kunyoa

pjena za brijanje

baada ya kunyoa

losion za poslije brijanja

kichana

češalj

brashi

četka

kikausha nywele

sušilo za kosu

marashi ya nyewele

sprej za kosu

vipodozi

makeup

kidomwa

ruž za usne

varnish ya msumari

lak za nokte

pamba

vata

mkasi wa kucha

škare za nokte

manukato

parfem

mkoba wa kuosha

neseser

kinyesi

stolica

mizani

vaga

nguo ya kuoga

ogrtač

glavu za mpira

rukavice za čišćenje

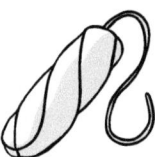

kisodo

tampon

sodo

uložak

kemikali choo

kemijski toalet

chumba ya mtoto
dječija soba

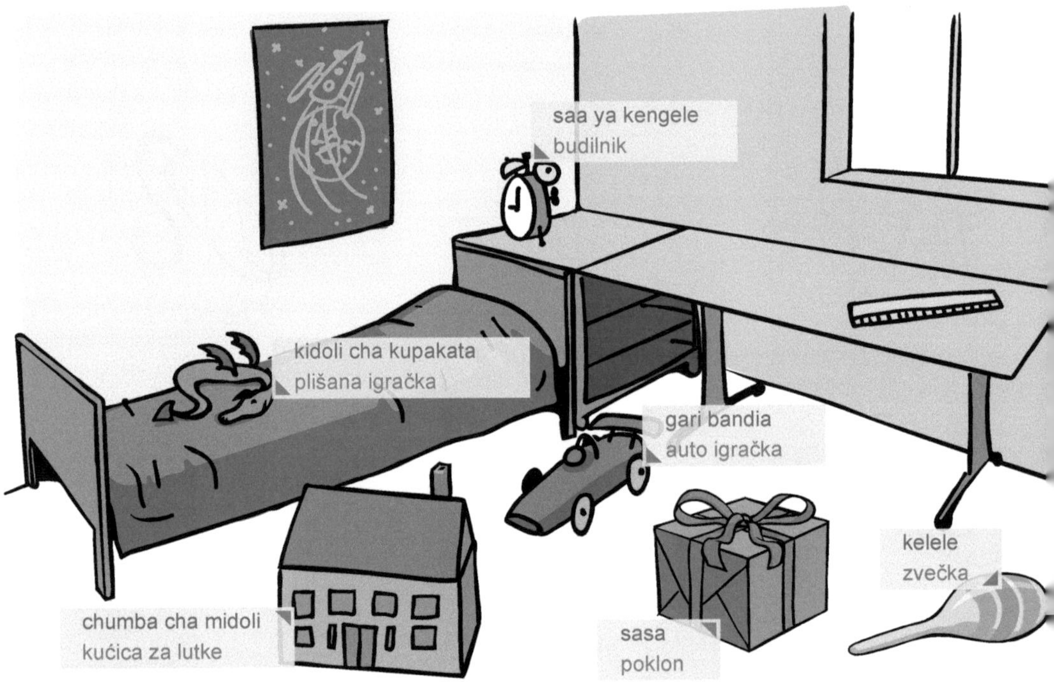
saa ya kengele
budilnik
kidoli cha kupakata
plišana igračka
gari bandia
auto igračka
kelele
zvečka
chumba cha midoli
kućica za lutke
sasa
poklon

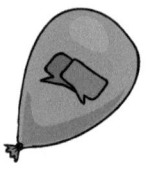

baluni
balon

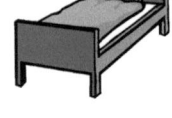

kitanda
krevet

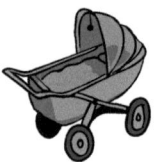

mashua
dječija kolica

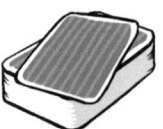

staha ya kadi
igra s kartama

mchezo-fumb
slagalica

SUPER
MEGA

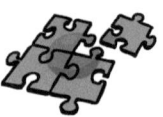

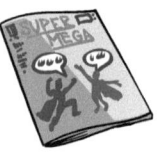

vichekesho
strip

matofali lego

lego kockice

vitalu mwigo

kockice za slaganje

hatua takwimu

akcioni junak

suti ya kulalia

kombinezon za bebe

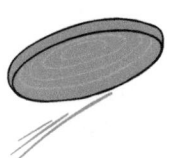

kisahani

frizbi

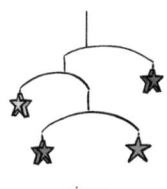

simu

viseće igračke

ubao wa michezo

društvene igre

kete

kocka

garimoshi mwigo

minijaturna željeznica

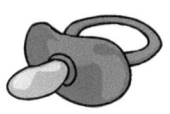

dummy

duda

chama

tulum

picha kitabu

slikovnica

mpira

lopta

kikaragosi

lutka

kucheza

igrati

shimo la mchanga

pješčanik

bembea

ljuljačka

vitu bandia

igračka

kiweko cha video ya mchezo

konzola za igre

baiskeli ya magurudumu

tricikl

matatu

mwanasesere

plišani medo

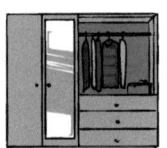

kabati

ormar

soksi

kratke čarape

stokingi

čarape

kibano

hulahopke

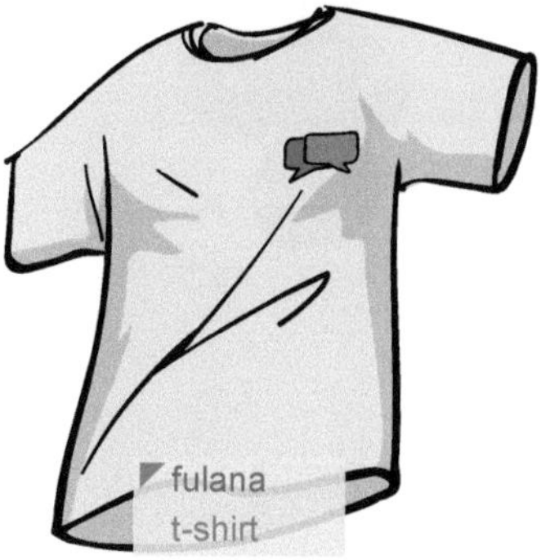

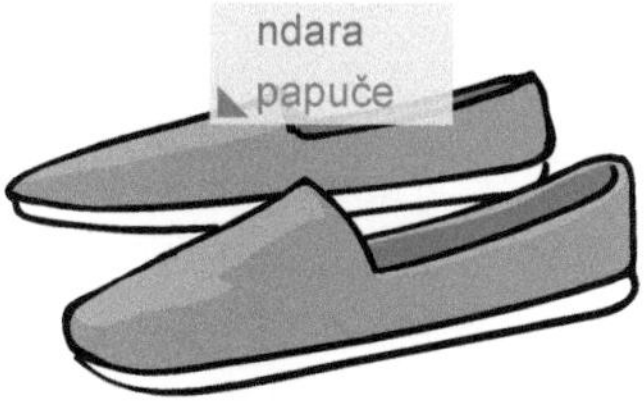

skafu
šal

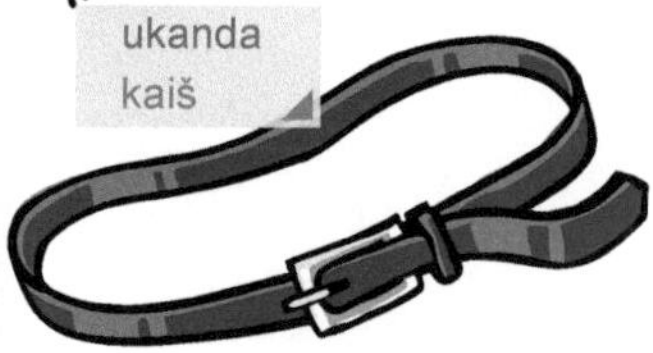

mwavuli
kišobran

ukanda
kaiš

fulana
t-shirt

viatu
čizme

ndara
papuče

wakufunzi
patike

malapa

·············

sandale

viatu

·············

cipele

mabuti ya mpira

·············

gumene čizme

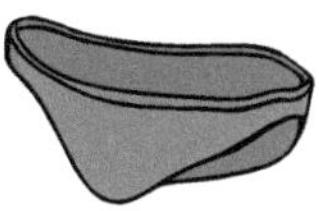

suruali ya ndani

·············

gaćice

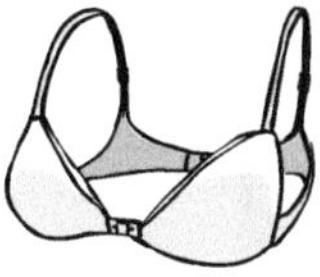

sidiria

·············

grudnjak

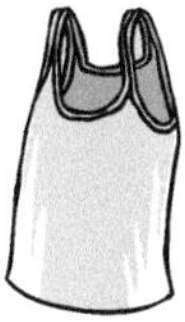

fulana

·············

potkošulja

mwili

bodi

suruali

hlače

dangirizi

džins

sketi

haljina

blauzi

bluza

shati

košulja

vuta

džemper

sweta

pulover s kapuljačom

bleza

blejzer

jaketi

jakna

koti

kaput

koti la mvua

kabanica

maleba

kostim

gauni

haljina

mavazi ya harusi

vjenčanica

suti

odijelo

vazi la usiku

spavaćica

pajama

pidžama

sari

sari

skafu

rubac

kilemba

turban

burka

burka

kaftan

kaftan

abaya

abaja

vazi la kuogelea

kupaći kostim

vazi la kiume la kuogelea

kupaće gaćice

kaptura

kratke hlače

teitei

odjeća za trening

aproni

pregača

glavu

rukavice

kifungo

gumb

glasi

naočale

bangili

narukvica

mkufu

ogrlica

pete

prsten

herini

naušnica

kofia

kapa

kiango cha koti

vješalica

kofia

šešir

tai

kravata

zipu

patent zatvarač

kofia

kaciga

kanda za suruali

naramenice

sare za shule

školska uniforma

sare

uniforma

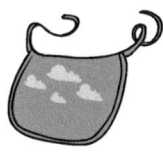

bibu

podbradak

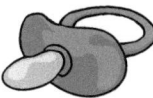

dummy

duda

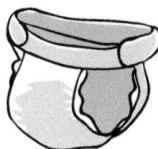

nepi

pelena

ofisi

ured

seva
server
kabati la kuweka faili
ormar za spise
karatasi
papir
kichapishaji
pisač
kiwambo
monitor
kipanya
miš
dawati
pisaći stol
folda
mapa
kibodi
tipkovnica
cha kuweka karatasi chafu
za papir
kiti
stolica
kompyuta
računar

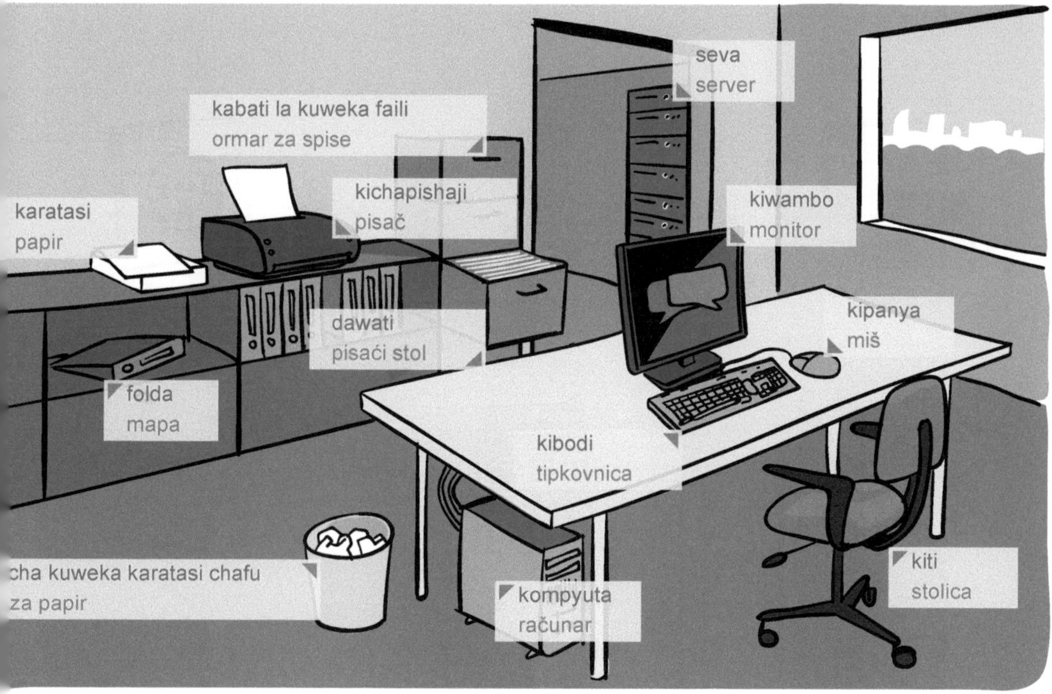

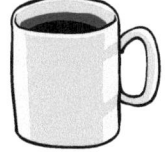

kmobe la kahawa

šalica za kavu

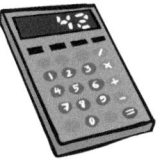

kikokotoo

kalkulator

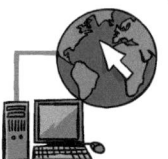

biashara

internet

mbali

laptop

barua

pismo

ujumbe

poruka

rununu

mobilni telefon

intaneti

mreža

fotokopia

uređaj za kopiranje

programu

softver

simu

telefon

soketi

utičnica

kipepesi

faks

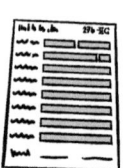

fomu

obrazac

hati

dokument

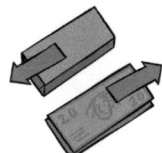

kununua

kupovati

kulipa

platiti

biashara

trgovati

fedha

novac

dola

dolar

yuro

euro

yeni

jen

rouble

rubalj

faranga ya Uswisi

švicarski franak

renminbi yuan

renmindbi yuan

rupia

rupija

eneo la kulipia

automat za novac

ofisi ya ubadilishanaji

mjenjačnica

dhahabu

zlato

fedha

srebro

mafuta

nafta

nishati

energija

bei

cijena

mkataba

ugovor

kodi

porez

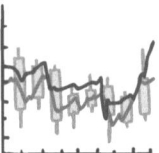

bidhaa

dionica

kazi

raditi

mfanyakazi

službenik

mwajiri

poslodavac

kiwanda

tvornica

duka

prodavaonica

kazi
zanimanja

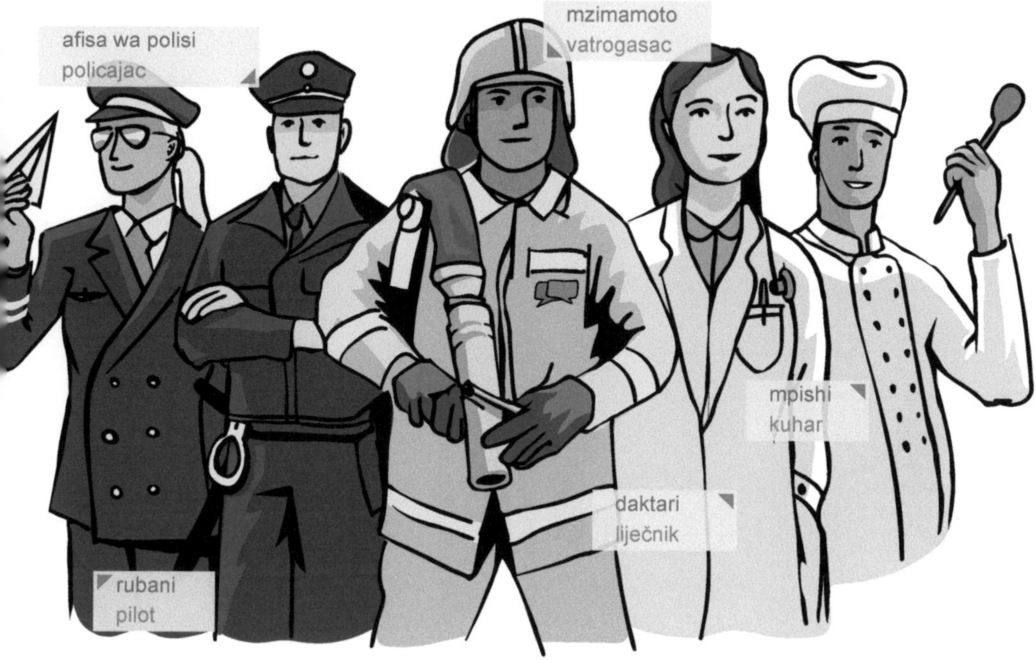
afisa wa polisi
policajac
mzimamoto
vatrogasac
mpishi
kuhar
daktari
liječnik
rubani
pilot

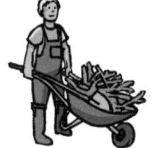

mtunza bustani
vrtlar

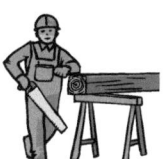

seremala
stolar

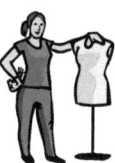

mshonaji
krojačica

hakimu
sudija

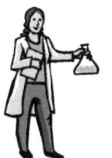

mwanakemia
kemičar

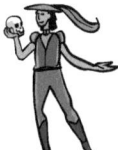

muigizaji
glumac

dereva wa basi

vozač autobusa

dereva wa teksi

vozač taksija

mvuvi

ribar

mwanamke wa kusafisha

čistačica

mwezekaji

krovopokrivač

mhudumu

konobar

mwindaji

lovac

mchoraji

slikar

mwokaji

pekar

umeme

električar

mjenzi

građevinski radnik

mhandisi

inženjer

mchinjaji

mesar

fundi bomba

limar

mwanaposta

poštar

mwanajeshi

vojnik

msanifu majengo

arhitekta

keshia

blagajnik

muuza maua

cvjećar

msusi

frizer

kondakta

kondukter

mekanika

mehaničar

nahodha

kapetan

daktari wa meno

zubar

mwanasayansi

znanstvenik

rabbi

rabi

imamu

imam

mtawa

monah

kasisi

svećenik

zana

alati

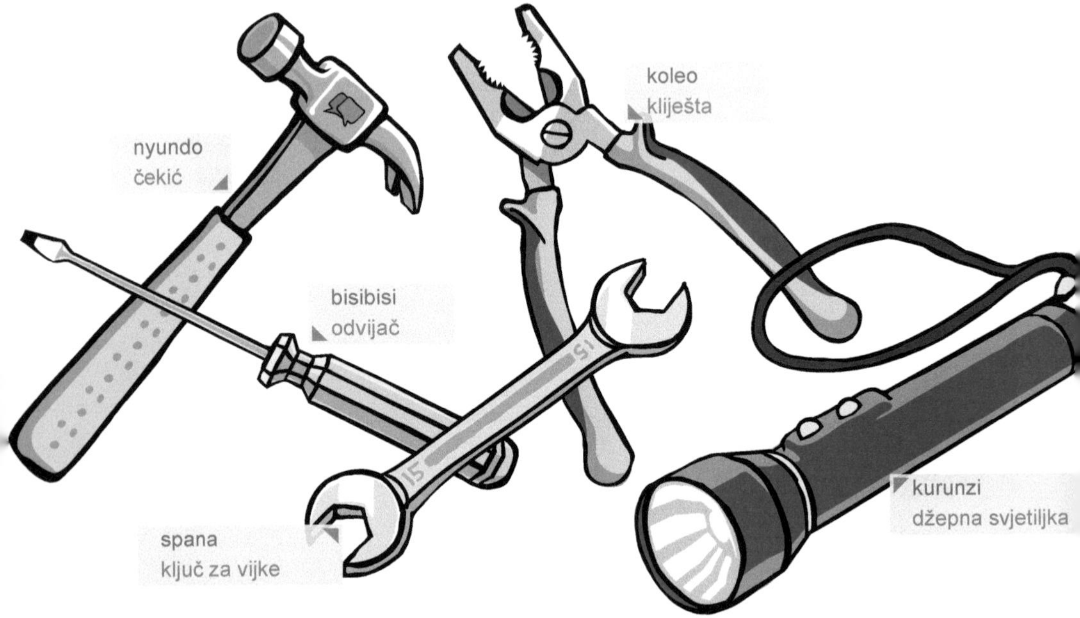

nyundo
čekić
koleo
kliješta
bisibisi
odvijač
spana
ključ za vijke
kurunzi
džepna svjetiljka

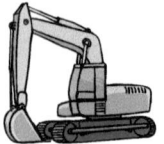

mchimbaji
rovokopač

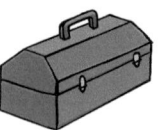

sanduku la vifaa
kutija za alat

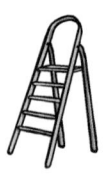

ngazi
ljestve

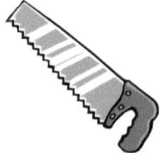

msumeno
pila

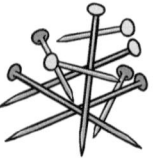

misumari
ekser

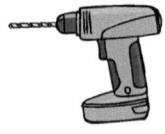

kuchimba visima
bušilica

kukarabati

popraviti

sepetu

lopata

Lo!

Sranje!

kishikio cha uchafu

lopatica

chungu cha rangi

lonac za boju

skurubu

vijci

ala za muziki

glazbeni instrument

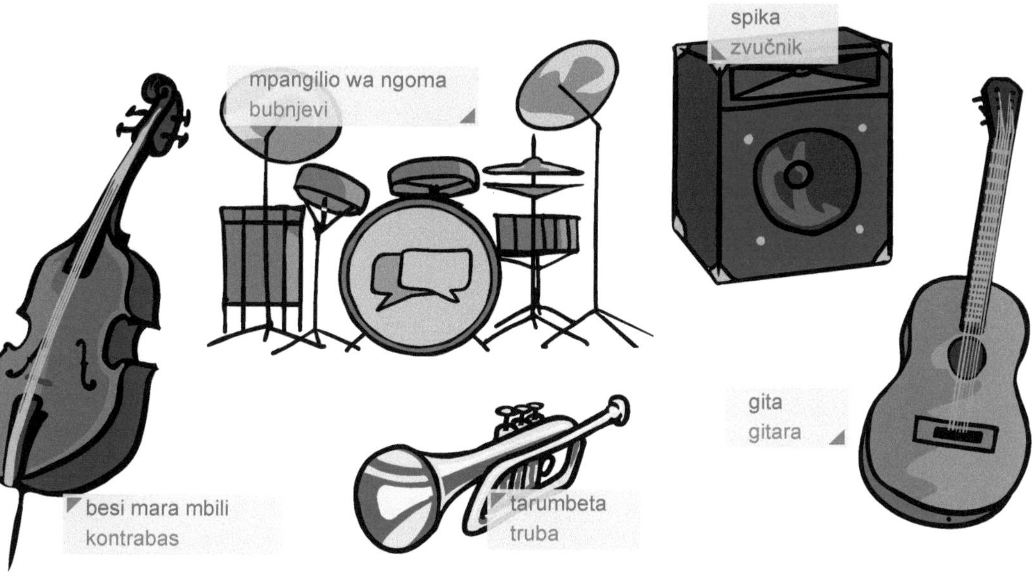

spika
zvučnik

mpangilio wa ngoma
bubnjevi

gita
gitara

besi mara mbili
kontrabas

tarumbeta
truba

piano

klavir

fidla

violina

ubeji

bas

timpani

timpani

ngoma

udaraljke za bubnjeve

kibodi

keyboard

saksafoni

saksofon

filimbi

flauta

maikrofoni

mikrofon

ala za muziki - glazbeni instrument

bustani ya wanyama

zoološki vrt

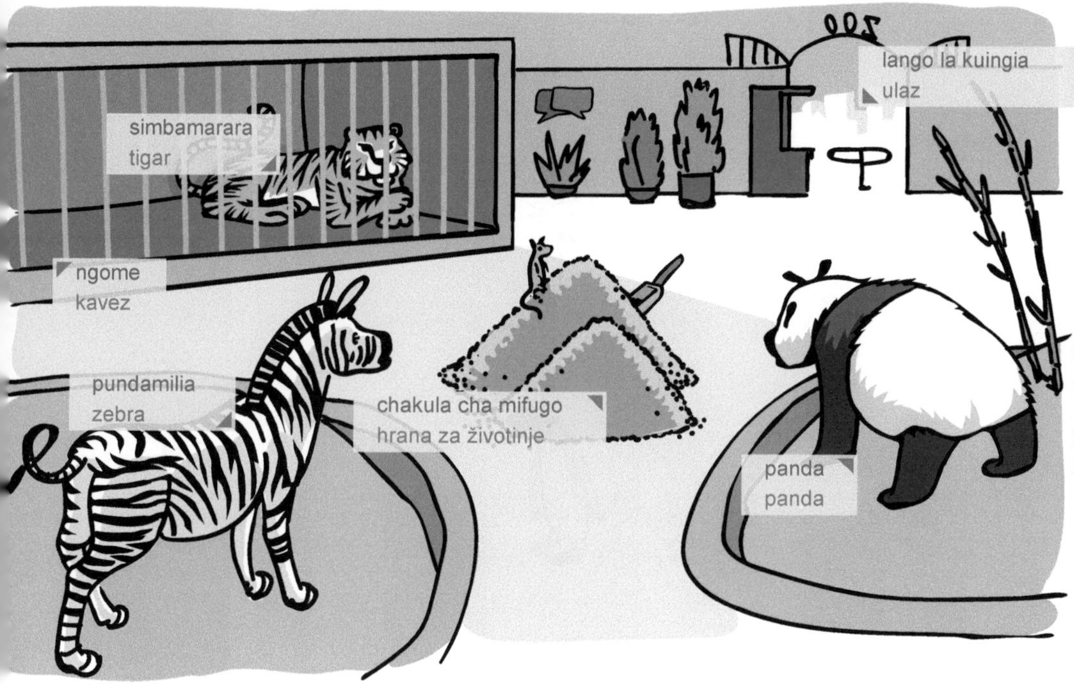

lango la kuingia
ulaz
simbamarara
tigar
ngome
kavez
pundamilia
zebra
chakula cha mifugo
hrana za životinje
panda
panda

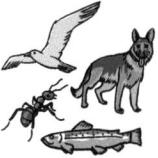

wanyama

životinje

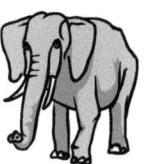

tembo

slon

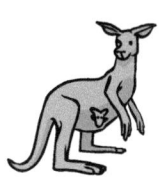

kangaruu

kengur

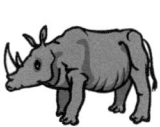

kifaru

nosorog

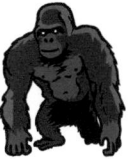

sokwe

gorila

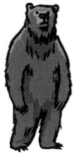

dubu

medvjed

ngamia

kamila

mbuni

noj

simba

lav

tumbili

majmun

heroe

flamingo

kasuku

papagaj

dubu

polarni medvjed

penguini

pingvin

papa

ajkula

tausi

paun

nyoka

zmija

mamba

krokodil

mtunza wanyama

čuvar u zoološkom vrtu

muhuri

tuljan

jaguar

jaguar

mwanafarasi

poni

chui

leopard

kiboko

nilski konj

twiga

žirafa

tai

orao

nguruwe mwitu

divlja svinja

samaki

riba

kobe

kornjača

sili

morž

mbweha

lisica

paa

gazela

soka ya marekani
američki nogomet

uendeshaji baiskeli
biciklizam

tenisi
tenis

mpira wa kikapu
košarka

kuogelea
plivanje

magongo ya barafuni
hockey na ledu

ndondi
boks

soka

nogomet

vinyoya

badminton

riadha

atletika

mpira wa mikono

rukomet

skii

skijanje

polo

polo

shughuli
aktivnosti

cheka
smijati se
kuruka
skočiti
kumbatia
zagrliti
kutembea
ići
kuimba
pjevati
ota ndoto
sanjati
kuomba
moliti se
busu
poljubiti

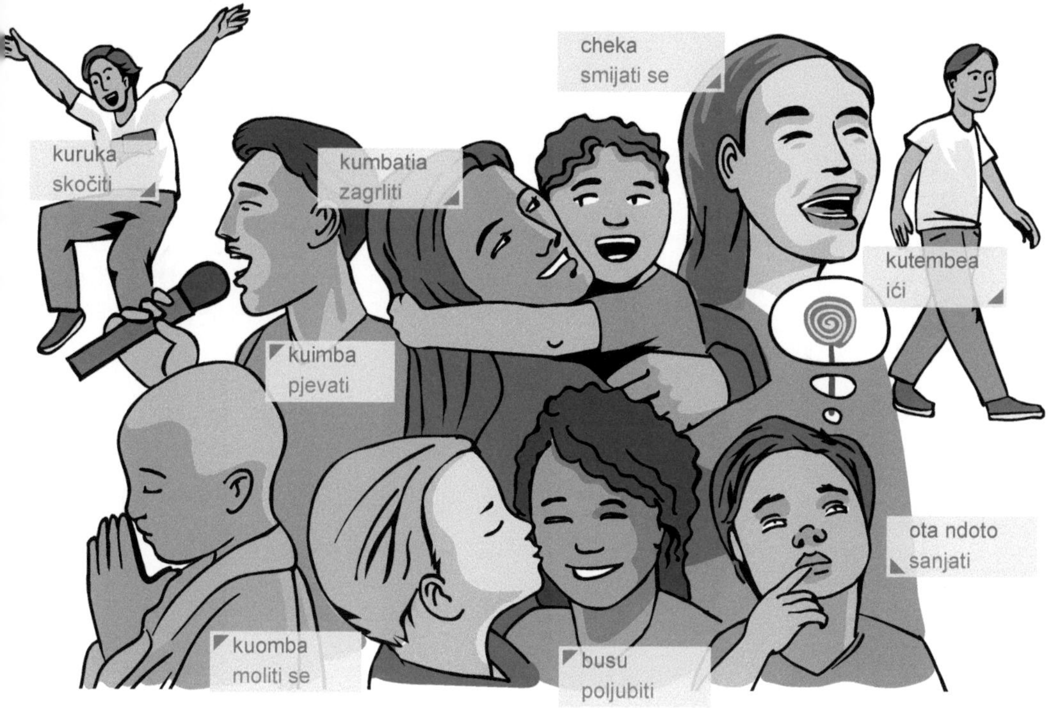

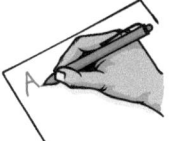

kuandika
pisati

kuteka
crtati

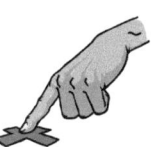

angalia
pokazati

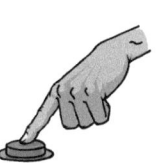

sukuma
gurati

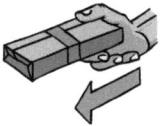

kutoa
dati

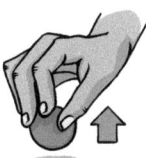

kuchukua
uzeti

kuwa

imati

fanya

činiti

kuwa

biti

kusimama

stojati

kukimbia

trčati

vuta

povlačiti

kutupa

baciti

kuanguka

padati

hadaa

ležati

kusubiri

čekati

kubeba

nositi

kukaa

sjediti

vaa nguo

oblačiti

usingizi

spavati

kuamka

probuditi se

kuangalia

gledati

lia

plakati

kiharusi

milovati

chana nywele

češljati

ongea

govoriti

kuelewa

razumjeti

kuuliza

pitati

kusikiliza

slušati

kunywa

piti

kula

jesti

nadhifisha

pospremiti

upendo

voljeti

mpishi

kuhati

gari

voziti

kuruka

letjeti

meli

ploviti

kokotoa

računati

kusoma

čitati

kujifunza

učiti

kazi

raditi

kuoa

vjenčati se

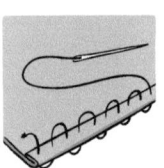

kushona

šiti

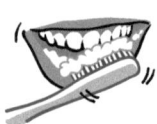

piga mswaki

prati zube

kuua

ubiti

moshi

pušiti

kutuma

poslati

bibi
baka

babu
djed

baba
otac

mama
majka

mtoto
beba

binti
kćerka

bin
sin

mgeni

gost

shangazi

tetka

mjomba

ujak, stric

kaka

brat

dada

sestra

mwili

tijelo

paji la uso
čelo
jicho
oko
bega
rame
kidole
prst
uso
lice
kidevu
brada
mkono
ruka
mguu
noga
matiti
grudi
mkono
ruka

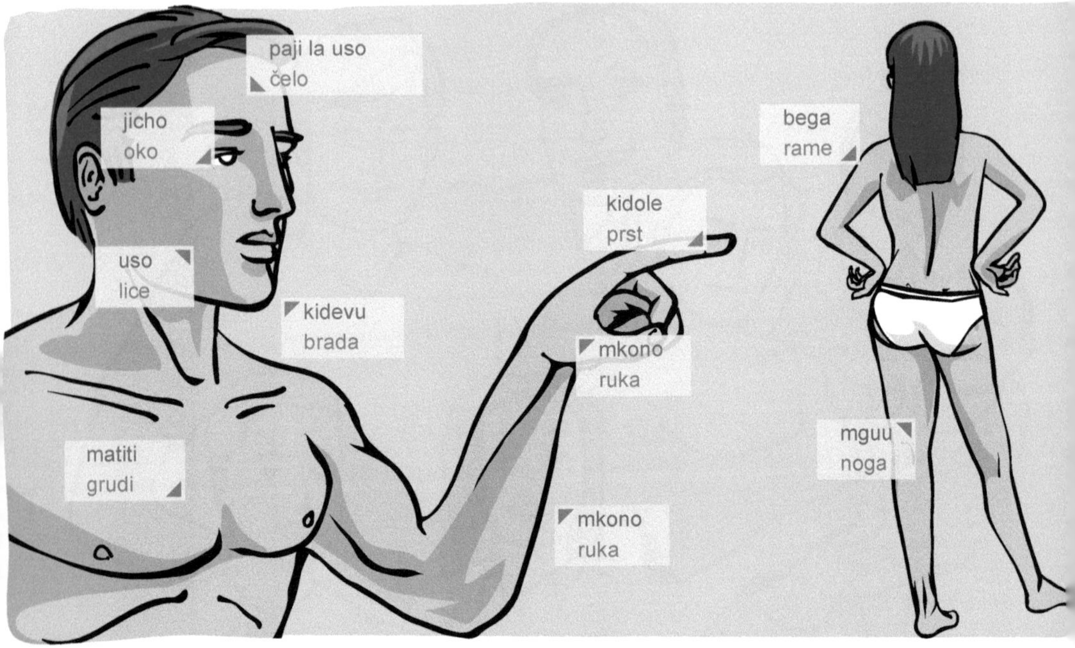

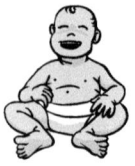

mtoto

beba

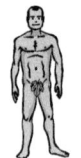

mwanamume

muškarac

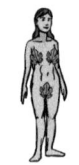

mwanamke

žena

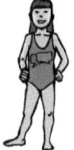

msichana

djevojčica

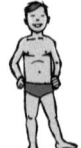

mvulana

dječak

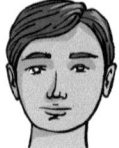

kichwa

glava

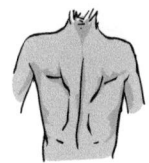

nyuma

leđa

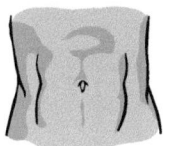

tumbo

trbuh

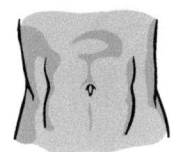

kitovu

pupak

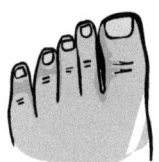

chano

nožni prst

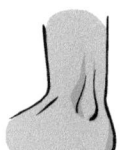

kisigino

peta

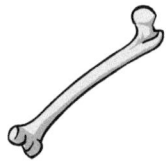

mfupa

kost

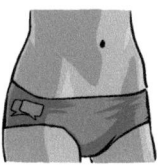

nyonga

kuk

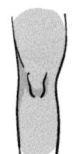

goti

koljeno

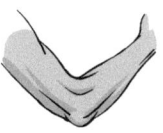

kiwiko

lakat

pua

nos

chini

stražnjica

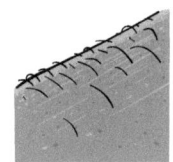

ngozi

koža

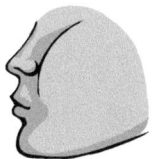

shavu

obraz

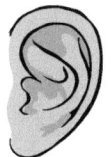

sikio

uho

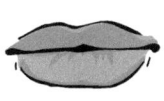

mdomo

usna

kinywa

usta

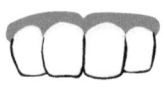

jino

zub

ulimi

jezik

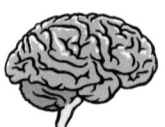

ubongo

mozak

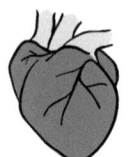

moyo

srce

misuli

mišić

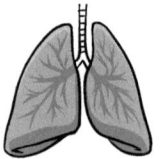

pafu

pluća

ini

jetra

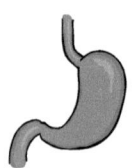

tumbo

želudac

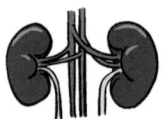

figo

bubrezi

jinsia

snošaj

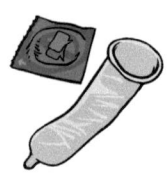

kondomu

kondom

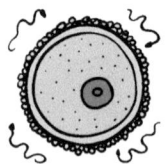

ovari

jajna stanica

shahawa

sperma

mimba

trudnoća

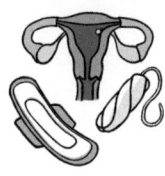

hedhi

menstruacija

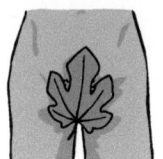

uke

vagina

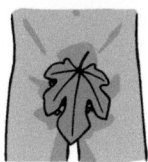

uume

penis

unyusi

obrva

nywele

kosa

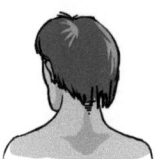

shingo

vrat

hospitali
bolnica

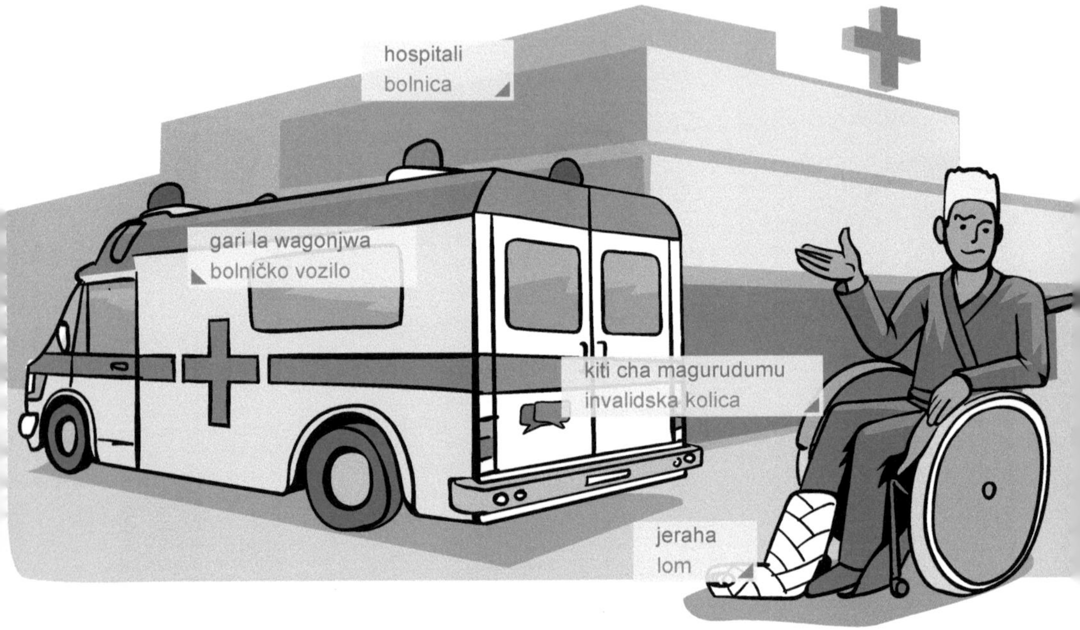

hospitali
bolnica
gari la wagonjwa
bolničko vozilo
kiti cha magurudumu
invalidska kolica
jeraha
lom

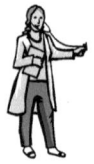

daktari
liječnik

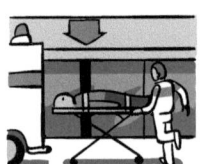

chumba cha dharura
hitna medicinska služba

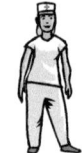

muuguzi
medicinska sestra

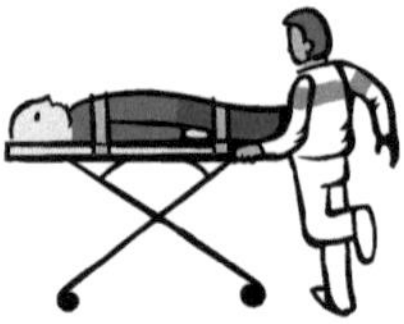

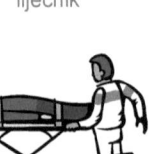

dharura
hitni slučaj

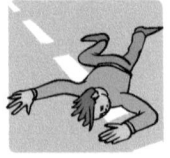

kupoteza fahamu
nesvijest

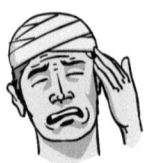

maumivu
bol

kuumia

ozljeda

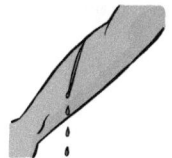

kutokwa na damu

krvarenje

mshtuko wa moyo

srćani infarkt

kiharusi

moždani udar

mzio

alergija

kikohozi

kašalj

homa

groznica

mafua

gripa

kuharisha

proljev

maumivu ya kichwa

glavobolja

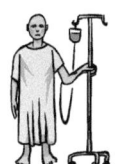

kansa

rak

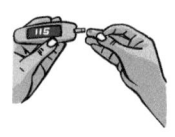

ugonjwa wa kisukari

dijabetes

daktari mpasuaji

kirurg

kisu kidogo cha kupasulia

skalpel

operesheni

operacija

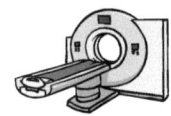

picha changanufu ya mwili

ct

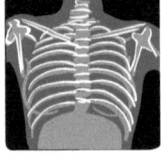

Eksrei

rentgen

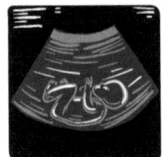

mawimbi sauti

ultrazvuk

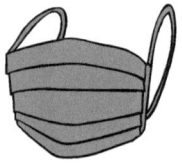

barakoa ya uso

maska

ugonjwa

bolest

chumba cha kusubiri

čekaonica

mkongojo

štaka

plasta

flaster

bendeji

zavoj

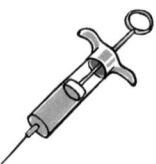

sindano

injekcija

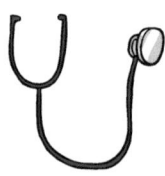

stetoskopu

stetoskop

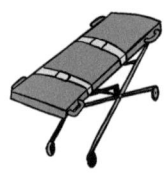

machela

nosilo

kipimajoto cha kliniki

termometar

kuzaliwa

rođenje

unene kupita kiasi

prekomjerna težina

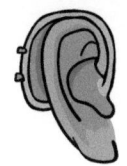

kusikia misaada

slušni aparat

kipukusi

sredstvo za dezinfekciju

maambukizi

infekcija

virusi

virus

VVU / UKIMWI

hiv / sida

dawa

medicina

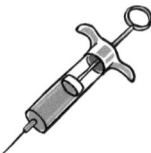

chanjo

vakcinacija

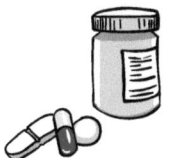

vidonge

tablete

kidonge

pilula

simu ya dharura

poziv u pomoć

haemodainamometa

uređaj za mjerenje tlaka

mgonjwa / mwenye afya

bolesno / zdravo

Msaada!

pomoć!

kengele

alarm

pigo

nasrtaj

shambulizi

napad

hatari

opasnost

lango la dharura

izlaz za nuždu

Moto!

požar!

kizima moto

vatrogasni aparat

ajali

nezgoda

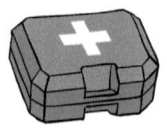

vifaa vya huduma ya kwanza

kofer prve pomoći

wito wa msaada

sos

polisi

policija

Ulaya

Europa

Amerika ya Kaskazini

sjeverna amerika

Amerika ya Kusini

južna amerika

Afrika

Afrika

Asia

Azija

Australia

Australija

Atlantiki

Atlantik

Pasifiki

Pacifik

Bahari ya Hindi

ocean

Bahari ya Antaktiki

antarktički ocean

Bahari ya Aktiki

arktički ocean

Ncha ya Kaskazini

sjeverni pol

Ncha ya Kusini
....
južni pol

Antaktika
....
Antarktik

dunia
....
zemlja

nchi
....
zemlja

bahari
....
more

kisiwa
....
otok

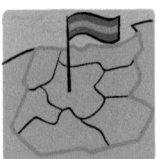

taifa
....
nacija

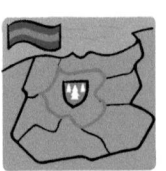

jimbo
....
država

dunia - zemlja

uso wa saa

brojčanik sata

akrabu ya saa

satna kazaljka

akrabu ya dakika

minutna kazaljka

akrabu ya sekunde

sekundna kazaljka

Ni saa ngapi?

Koliko je sati?

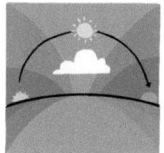

siku

dan

wakati

vrijeme

sasa

sada

saa ya dijitali

digitalni sat

dakika

minuta

saa

sat

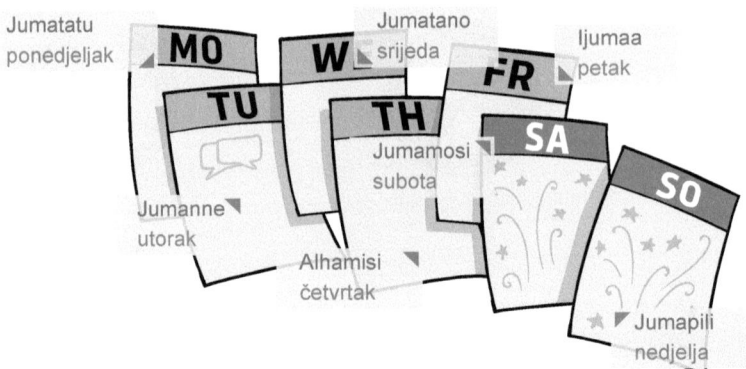

Jumatatu — ponedjeljak
Jumatano — srijeda
Ijumaa — petak
Jumanne — utorak
Jumamosi — subota
Alhamisi — četvrtak
Jumapili — nedjelja

jana
jučer

leo
danas

kesho
sutra

asubuhi
jutro

saa sita mchana
podne

jioni
večer

siku za biashara
radni dani

mwishoni mwa wiki
vikend

mwaka
godina

mvua
kiša
upinde wa mvua
duga
theluji
snijeg
upepo
vjetar
majira ya machipuko
proljeće
vuli
jesen
kiangazi
ljeto
majira ya baridi
zima

4.APRIL 11°
5.APRIL 4°
6.APRIL 13°
7.APRIL 8°
8.APRIL 10°

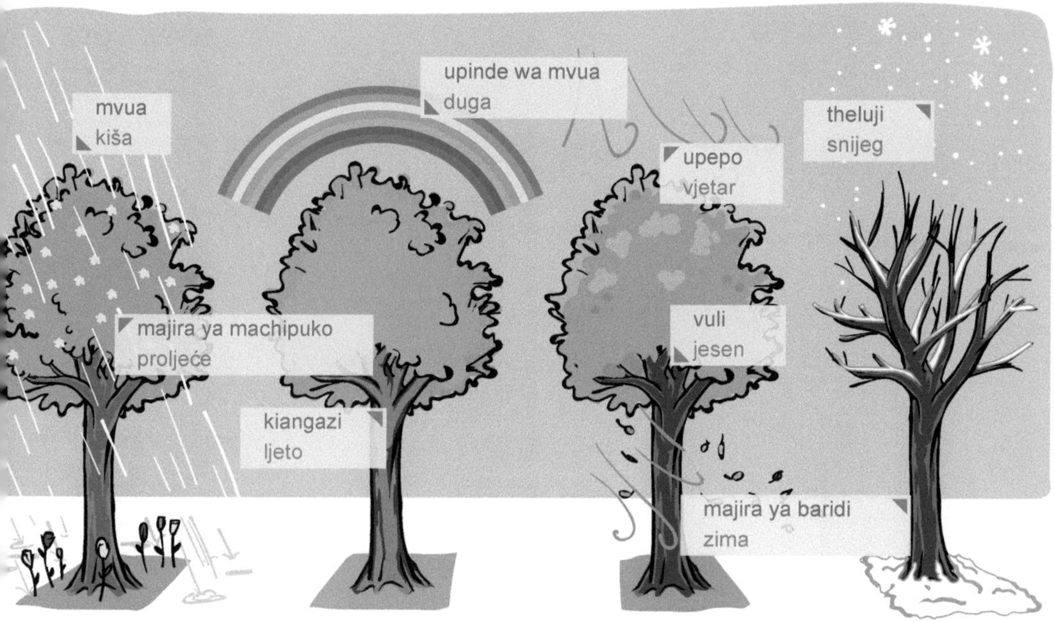

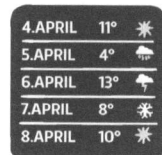

utabiri wa hali ya hewa

meteorološka prognoza

F C
120 40
90 30
60 20
30 10
0 0
-30 -10
-20

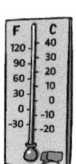

kipimajoto

termometar

mwanga wa jua

sunčana svjetlost

wingu

oblak

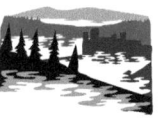

ukungu

magla

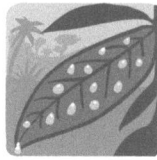

unyevu

vlažnost zraka

umeme

munja

radi

grmljavina

dhoruba

oluja

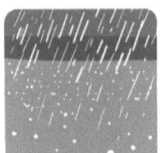

mvua ya mawe

tuča

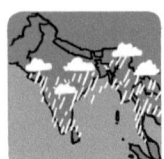

monsuni

monsun

mafuriko

poplava

barafu

led

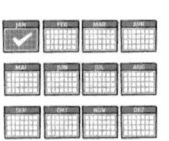

Januari

siječanj

Februari

veljača

Machi

ožujak

Aprili

travanj

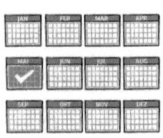

Mei

svibanj

Juni

lipanj

Julai

srpanj

Agosti

kolovoz

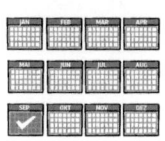

Septemba

rujan

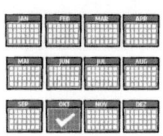

Oktoba

listopad

Novemba

studeni

Desemba

prosinac

mduara

krug

mraba

kvadrat

mstatili

pravokutnik

pembetatu

trokut

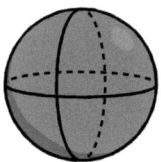

nyanja

kugla

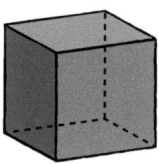

mchemraba

kocka

nyeupe

bijela

manjano

žuta

chungwa

narančasta

rangi ya waridi

ružičasta

nyekundu

crvena

hudhurungi

ljubičasta

bluu

plava

kijani

zelena

hanja

smeđa

jivujivu

siva

nyeusi

crna

mengi / kidogo

mnogo / malo

hasira / pole

ljutito / mirno

nzuri / mbaya

lijepo / ružno

mwanzo / mwisho

početak / kraj

kubwa / ndogo

veliko / maleno

angavu / giza

svijetlo / tamno

kaka / dada

brat / sestra

safi / chafu

čisto / prljavo

kamilika / tokamilika

potpuno / nepotpuno

siku / usiku

dan / noć

wafu / hai

mrtvo / živo

pana / nyembamba

široko / usko

kulika / kutolika

jestivo / nejestivo

ovu / ema

zlo / dobro

sisimkwa / udhika

uzbuđeno / dosadno

nene / nyembamba

debelo / mršavo

kwanza / mwisho

na početku / na kraju

rafiki / adui

prijatelj / neprijatelj

jaa / tupu

puno / prazno

ngumu / laini

tvrdo / mekano

nzito / nyepesi

teško / lagano

njaa / kiu

glad / žeđ

mgonjwa / mwenye afya

bolesno / zdravo

haramu / kisheria

ilegalno / legalno

akili / kijinga

pametno / glupo

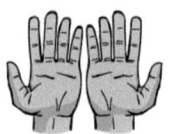

kushoto / kulia

lijevo / desno

karibu / mbali

blizu / daleko

mpya / kutumika

novo / rabljeno

kitu / jambo

ništa / nešto

zee / changa

staro / mlado

waka / zima

uključeno / isključeno

wazi / fungwa

otvoreno / zatvoreno

utulivu / kelele

tiho / glasno

tajiri / masikini

bogato / siromašno

sahihi / kosa

točno / pogrešno

mbaya / laini

hrapavo / glatko

huzunika / furahia

tužno / sretno

fupi /ndefu

kratko / dugo

polepole / haraka

polako / brzo

nyevu / kavu

mokro / suho

joto / baridi

toplo / hladno

vita / amani

rat / mir

nambari

brojevi

0

sufuri
nula

1

moja
jedan

2

mbili
dva

3

tatu
tri

4

nne
četiri

5

tano
pet

6

sita
šest

7

saba
sedam

8

nane
osam

9

tisa
devet

10

kumi
deset

11

kumi na moja
jedanaest

12

kumi na mbili

dvanaest

13

kumi na tatu

trinaest

14

kumi na nne

četrnaest

15

kumi na tano

petnaest

16

kumi na sita

šestnaest

17

kumi na saba

sedamnaest

18

kumi na nane

osamnaest

19

kumi na tisa

devetnaest

20

ishirini

dvadeset

100

mia

stotinu

1.000

elfu

tisuću

1.000.000

milioni

milijun

Kiingereza

engleski

Kiingereza cha Marekani

američko engleski

Kimandarini cha Uchina

kinesko mandarinski

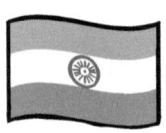

Kihindi

hindi

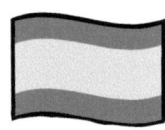

Kihispania

španjolski

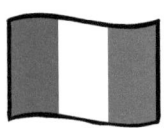

Kifaransa

francuski

Kiarabu

arapski

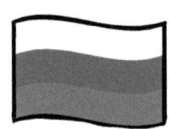

Kirusi

ruski

Kireno

portugalski

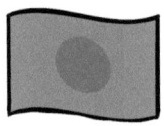

Kibengali

bengalski

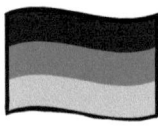

Kijerumani

njemački

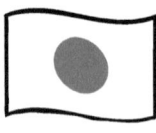

Kijapani

japanski

mimi
ja

wewe
ti

yeye / yeye / ni
on / ona / ono

sisi
mi

wewe
vi

wao
oni

nani?
tko?

nini?
što?

jinsi gani?
kako?

wapi?
gdje?

lini?
kada?

jina
ime

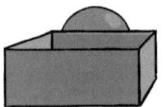

nyuma

iza

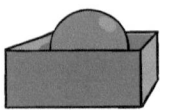

katika

u

mbele ya

ispred

juu ya

preko

kwenye

na

chini ya

ispod

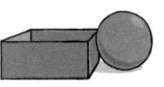

kando

pored

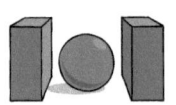

kati

između

mahali

mjesto